叢書 現代社会のフロンティア 26

不安定な自己の社会学

個人化のゆくえ

Katagiri Masataka
片桐雅隆 著

ミネルヴァ書房

不安定な自己の社会学——個人化のゆくえ【目次】

序章　個人化とは何か

かつてイギリスの首相であったサッチャーは一九八〇年代に、「もはや社会はない」と言った。社会の消失をめぐる議論は今日の日本社会を語る上でも重要な鍵となっている。その一つの典型は、「無縁社会」論に求めることができる。

『無縁社会』（ＮＨＫ社会プロジェクト取材班 2010）で取り上げられた現象は、家族縁や地縁、社縁などが切れることによる単身化の増大であり、それに伴う「無縁死」の増加である。無縁死とは、居場所や氏名が知れず、遺体の引き取り手のいない死を意味している（ＮＨＫ社会プロジェクト取材班 2010：24）。無縁死は、高齢者に限らない。若者でも無縁死するのではないかという不安や恐怖から自由ではない。なぜなら、雇用の不安定さのために職を失い、一方で、自己責任という圧力の下で他者からのサポートを受けられずに、無縁死することがありうるからである（ＮＨＫ社会プロジェクト取材班 2010：ch. 6）。無縁社会論の視点は、無縁社会が、人間関係の絆を奪い、その結果無縁死をもたらすという現実をネガティブに描く一方で、無縁社会からの離脱、つまりは絆の回復を求めている。しかし、社会の無縁化は、孤独や不安などの言葉をキーワードとして語られるだけでなく、自由や解放などの言葉をキーワードとして語られてきた面もある。なぜなら、社会の無縁化は、伝統的なしがらみからの解放であり、さまざまな縁から解放されて人々が個人を起点として自由なライフスタイルを選択しうる過程だと見なされてきたからである（島田 2011，森 2013 参照）。

無縁社会論は、個人化の視点とも結びついている。たとえば、フロムにとって、個人化（individuation）は家族や地域共同体などの第一次的絆からの解放を意味していた。そして、そのような個人化は二つの側面をもつと言う。一つの側面は、第一次的絆からの解放を意味する個人化が、自由や独立をもたらし、自己の強さを高めるという点である。それに対して、第二の側面は、個人化が、自己の安定や社会との繋がりの基盤となる第一次的絆を解体することで、不安や孤立をもたらすという点である（Fromm［1941］1965：44-46=1958：38-40）。無縁社会化とは、社会学の用語で言えば「中間集団」の解体と言い換えられ、社会学が一九世紀後半のその成立の当初から追い求めてきたメインテーマでもある。フロムの個人化についての図式も、個人化を第一次的絆＝中間集団の解体と関連づけ、それが、一方で個人の解放をもたらし、他方で不安や孤立をもたらすとした点で、中間集団論の典型的なモデルを提供した。

本書の課題は、個人化をキーワードとして現代という時代の自己と社会のあり方を探ることにある。その視点の特徴は、第一に、個人化の全体像を、近代的個人化、私化、再帰的個人化、心理化という四つの側面を含む、より多元的な現象として描くことにある。個人化は決して一様ではなく、そして、上記の異なる二つの側面に限られることなく、時代や社会によってさまざまな顔を呈してきた。第二の特徴は、個人化の過程を、認知社会学という理論的な視点からとらえることにある。次の第1節では、個人化の諸過程を概観し、第2節では、認知社会学の視点とは何かを説明しよう。

1　個人化――近代的個人化・再帰的個人化・私化・心理化

個人化は、デュルケムやジンメルらによる社会学の創設期、すなわち一九世紀から二〇世紀への時代の転換期以来、現代社会をとらえる鍵となる現象として注目されてきた。ここでは、個人化を、近代的個人化、私化、再帰的個人化、心理化という四つの過程からなるものと考える。心理化は、自己を心や精神などにさらに分解、細分化する点で、個人化を深化させるものであると同時に個人化を超える側面を備えている。しかし、ここでは、心理化も個人化の諸過程の一つと位置づけている。

(1)　近代的個人化と再帰的個人化について

個人化は、ギデンズやベック、バウマンらによって現代社会を問うキーワードの一つとなっている。また、そのテーマは、第1章で詳論するように社会の消失と関連して論じられている。つまり、個人化によって、個人はばらばらになり、社会は消失したのだと。しかし、デュルケムやジンメルらが注目した個人化（西洋における近代的個人化）という現象は、結論から言えば、個人がばらばらになったり、社会が消失したりすることを意味するのではなく、社会の単位が、家族や近隣関係などのさまざまな中間集団から、個人へと移行したことを意味している。この中間集団はこれ以降、「媒介的関係」と呼ぶことにする。なぜなら、中間という空間的な概念に代わって「媒介」という機能に注目した概念を用い、また、集団という成員性の明確な単位に代わって、それがより緩やかな「関係」という概念を用いたいからである。

したがって、個人化とは何かという問いは、現代社会に端を発するのではなく、近代社会の成立時に端を発している。デュルケムは、近代社会が個人崇拝をもたらしたとしたが、ここではその背景として、「人間という概念」の成立と個人化が関連していることに注目したい。デュルケムは、近代社会の成立を社会的分業をキーワードとして「機械的連帯の社会」から「有機的連帯の社会」への移行と説明した。それは、個別的な社会から、その個別的な文化を超えた普遍的な社会の成立を説明するものであった。このとき「人間」という概念が前提となる。つまり、個別的な文化に根ざした「〇〇人」というカテゴリーから、それらを超えた普遍的な人間というカテゴリーが成立するのである。機械的連帯の社会から有機的連帯の社会への移行は、社会的連帯あるいは紐帯が解体することを意味するのではなく、個別的な属性を単位とする社会から、それらの個別性を超えたものとしてカテゴリー化される人間を単位とする社会への移行を意味している。そのような意味での人間の析出が、近代的個人化を意味している（Durkheim 1960=1971, 片桐 2011：ch. 1 参照）。つまり、デュルケムの示したのは、社会的分業によって、個別的な文化に根ざす社会から、それを超えた普遍的な社会が成立することである。そのことは、自己論の視点から見れば、人間という普遍的なカテゴリーの成立をその背景にもっている。

こうした近代的個人化に対して、再帰的個人化とは、ギデンズの「高次近代」、ベックの「第二の近代」、バウマンの「リキッドな近代」に見られる個人化の一形態である。詳細は、本論（とくに第1章）に任せるが、高次近代、第二の近代、リキッドな近代の議論が取り上げる現代社会は、第一の近代が残した媒介的関係がますます希薄化することで、自己を支えてきた基盤が弱体化し、個人的なリスクや不安が高まり、自己の再帰性が増大する社会である。その点で、デュルケムらが描いた近代初期としての第一の近代の特徴とは異なっている（片桐 2011：184 参照）。しかし、見方を変えれば、第二の近代は、第一の近代が残した媒介的関係が希薄化したことで、個人化がより進展、深化した社会だとも言える。

（2）私化について

近代的個人化や再帰的個人化が、近代やその後の時代に至る広い幅をもつ現象であるのに対して、私化は、主には欧米社会の戦後の消費社会の発展と密接に結びついて成立した。

リースマンは私化という用語を用いてはいないが、私化論の一つの出所は、リースマンの「他者指向」的な社会的性格の指摘にある（Riesman 1950=1964：ch. 1）。他者指向は、内部指向に対比される。

内部指向的な人間は、個別的な状況に左右されない、確固とした指針（ジャイロスコープ）をもった社会的性格のもち主だが、他者指向的な性格は、そうした普遍的な他者を失い、個別的な状況ごとの具体的な他者にレーダーを張って指針を求める性格を意味している。前者は、勤勉さが求められる近代初期の産業社会の典型的な社会的性格であり、普遍的な他者を前にして自己の指針を求める点で前述した近代的個人に対応し、後者は、消費社会に典型的な社会的性格であり、近代的個人ではなく、私化した人間類型に対応する。

リースマンの他者指向論は、いろいろな方面に影響を与えた。その一つがバーガーの私化論である（Berger, Berger & Kellner 1974：32-40=1977：28-39, 第1章参照）。バーガーは、私化現象を、生きる意味やアイデンティティの探求（＝自己の存在証明）が公的領域から私的領域に移行する現象と考えた。その移行は、公的領域としての政治や産業の世界の官僚制化や、私的領域と公的領域とを結ぶ媒介的関係の解体を背景としている。内部指向的な社会的性格は勤勉な精神を内面化した産業人を典型としたが、他方で、私化した人間とは、仕事や政治よりも私的で親密な関係においてアイデンティティを求める人間であった。その点で、私化した人間は、他者指向的な社会的性格に対応する。しかし、他者指向的な社会的性格が、終身雇用を基盤とする企業やジェンダーの役割分業に基づく安定した近代家族での人間関係を描いたのに対して、私化論における私的領域は、必ずしも近代家族の枠にとどまらない同性同士の家族などを含めた多様な親密な関係を意味していた。つまり、バーガーの見方では、家族とは何かが自明でなくなり、親密な関係は常に再帰的に構築されなくてはならない対象となっていたのである。

あらためて言えば、私化した人間とは、デュルケムやジンメルなどの近代初期の社会学者が描いた、普遍的な他者を前提とする自己像としての個人ではなく、そうした個人の不可能性ゆえに成立した人間類型である。

（3）心理化について

近代的個人化、再帰的個人化、私化に対して、心理化とはどのような現象だろうか。心理化とは、グローバル化やネオリベラリズムの進展に伴って、社会的な問題をトラウマや鬱などの心あるいは精神の問題に帰属して解釈したり対処したりする傾向と一般的に考えられている。それは、バウマンの「リキッドなアイデンティティ」とも相まって、「統治性」のメカニズムや社会的な想像力の不可能性を示すものとして説明されることが多い。しかし、ここでは、そうした統治性を含めた管理的な観点からの心理化の説明のほかに、もう少し幅の広い観点から心理化をとらえよう。それは、以下の二つの側面にある。一つめは、「本当の自己探し」や「自己肯定感」などがアイデンティティの根拠と見なされるようになった傾向、つまりは自己実現の心理化、二つめは、人間関係の感情意識化である。日本における若者論で指摘されてきたように、若者の人間関係の特徴に「やさしい関係」がある。これは、不要に介入して感情的に傷つかないように、互いに配慮し合う関係を意味している。つまり、人間関係の構築においても相互の心への配慮が求められる。その点で、やさしい関係は、心理化の一つの傾向と位置づけられる。しかし、この傾向は若者論が指摘するように日本の若者に典型的に見られるだけではない。そのことを、第5章で、心理化のもう一つの側面として指摘しよう。

このように、心理化はグローバル化の進展と共に注目されるようになった統治性のメカニズムとしての面だけではなく、自己実現の心理化、人間関係の感情意識化という三つの側面をもっている。一方で、心理化という現象は、現代社会に限らない。一九三〇年代のメーヨーらのヒューマン・リレーション論も心理化する社会の端緒と言えるし、心理テストや発達心理学などが、二〇世紀の前半から学校や家庭の統治性に大きな役割を果たしていたことも心理化する社会の端緒と言える（cf. Rose 1990）。しかし、われわれが注目するのは、心理化は、さらにデュルケムらの生きた一九世紀後半、つまり、心を基軸に自己や社会を見ようとした心理学の成立時、あるいはさらに近代社会の成立時にまで遡るという点である。したがって、心理化をより長期的な幅で見ることが必要である。こうした側面をふまえて、ここでは心理化を、「心や精神をめぐる語彙によって、自己やその状況を解釈し、対処する傾向」とあらためて定義しよう。この傾向は心理化のさまざまな側面に通底している。

以上のように、個人化の諸過程、つまり近代的個人化・私化・再帰的個人化・心理化の過程を概観してきた。近代的個人化は近代化を契機として、私化は欧米社会の戦後の消費社会を背景として、そして再帰的個人化や心理化はグローバル化やネオリベラリズムの進展を背景として論じられたが、とくに心理化に関してはより広い幅で位置づけた。これらは、相互に重なる部分もある。私化や再帰的個人化は心理化の要素を含んでいるし、近代的個人化と心理化はその起源や特徴を共有しているからである。しかし、ここでは、近代的個人化・再帰的個人化・私化・心理化を理念的にそれぞれ独立した個人化の過程と見なしている。これらの個人化の過程は時代や社会によって異なった顔をもつ。それらの変化を追うことで現代の自己や社会のあり方を探ることにしよう。

2　認知社会学の視点

では、個人化の諸過程をどのような視点から分析すべきか。「認知社会学」という（あまり聞き慣れない）視点から個人化の過程を検討することが本書のもう一つの特徴である。認知社会学とは何かについては拙著『認知社会学の構想』（片桐 2006）で示したが、本書は、認知社会学の構想を示した前書に対して「認知社会学の展開」の書でもある。

心理学の分野での「認知心理学」は一般化しているが、認知社会学という名前も前例がないわけではない（cf. Cicourel 1974, Zerubavel 1997）。ここでは、認知社会学を「人々のカテゴリー化の作用に焦点を当てて自己や社会の存立を問う社会学」という意味で用いている（片桐 2003：5）。まず、認知社会学の視点から自己をどう見るかについて、続いて、同様に社会をどう見るかについて概観する。それらをふまえて、認知社会学の視点から個人化の過程をどうとらえるかについて説明しよう。

(1) 自己への視点

認知社会学は自己をどのように考えるのか。ここで、自己とは、対象化された自己を意味している。対象化された自己を生み出す「主体 (agent)」としての自己については、認知社会学は判断中止の態度を取っている。

認知社会学の立場に立つとき、自己は人々のカテゴリー化の作用によって構築されると考えられる。カテゴリーは、自己やそれに対峙する他者が何であり、また、どのように振る舞うべきかを指し示す。そのような他者を前にした自己のあり方を指し示すカテゴリーによって、自分とは何かを自覚 (aware) するのである。

そのカテゴリーの一つが、役割カテゴリーである[1]。役割カテゴリーには、さまざまなものがある。親と子、上司と部下、教師と学生など。それらは、一般に集団や組織における成員の属性を指し示している。自己を構築するカテゴリーを表す語彙には他にも、以下のようなものがある。ジェンダーやセクシュアリティ、エスニシティやナショナリティ、階級や階層などの成員を指し示す語彙、特定の時代や社会に典型的な人間類型を示す語彙、たとえば長期的なものとしての(近代的)個人、短期的なものとしての新人類、おたく、ジコチュウなどの語彙、そして最後に、自己に言及的な語彙がある。自己を指し示す人称代名詞や、自己そのものに言及する、動機、心、精神、(自己の)内面や内部などの語彙などが自己に言及的な語彙に当たる。

ジェンダーやセクシュアリティ、あるいはエスニシティやナショナリティの語彙は、今日、とりわけ対立的で流動的である。自らのジェンダーやエスニシティのあり方を自明視できる多くの人たちは、それらのカテゴリーが自己を構築していることに無自覚かもしれない。しかし、自らが選んだそれらのカテゴリーを自己に当てはめることを許されない人たちは、自己をどのようなカテゴリーで定義するか、あるいは他者からどのようにカテゴリー化されるかを自明視することはできない。なぜなら、自分自身が自己定義において用いるカテゴリーと、他者から付与されるカテゴリーが異なることは、自己とは何かの問いを不可避的に求め、自己を不安定なものとするからである（cf. Garfinkel 1967=1987）。また、階級や階層のカテゴリーも、自己を構築する語彙の一つである。古くは、労働者（階級）という語彙が、自らの置かれた状況を自覚させ、階級意識やそれに基づく労働運動を形成したように、今日の日本でも同様な事態が生まれつつある。それは、「下流社会」や「ワーキング・プア」などの語彙によって示されてきつつある格差社会の顕在化である。今まで、自発的に選択したフリーターとして自己を位置づけてきた若者が、自らをワーキング・プアと定義したとき、自己定義は大きく変わり、したがって取るべき行動も変わってくる。

次に、特定の時代や社会に固有な人間類型のカテゴリーが自己を構築するとは、どのようなことだろうか。長期的な人間類型の典型として、近代的個人がある。先に示したように、近代的個人は、個別的（ローカル）な拘束から自由で、普遍的な人間という意味合いをもっていた。こうした個人のイメージは、自己とは何かを大きく規定してきた。一方で、近代的個人の像は、自律した判断の主体でありうること、そのような主体は、偏見や歪みから自由に、外界としての社会や自然的な対象を「客観的に」見ることができるといった自己像を提供してきた（cf. Taylor 1989=2010, 本書第3章参照）。認知社会学は、近代的個人（像）も、自己を構築するカテゴリーだと考える。近代的個人やその前提としての普遍的な人間（像）には、その後、構造主義やポストモダニズムなどの哲学や思想の分野でさまざまな批判がなされてきた。しかし、（近代的）個人という語彙によって示される自己のあり方そのものの妥当性を問うのではなく、個人という語彙を自己や他者に当てはめることによって、多くの人たちが、自己とはどのようなものであり、また、どのようなものでなければならないか、を考える基準にしてきたことに認知社会学は注目する。(2)

そして、自己を指し示し、自己そのものに言及するカテゴリーも、自己の属性そのものを指し示すものではなく、自己を構築する語彙と考えられる。人称代名詞は、言語によってさまざまであることはよく知られている。日本語では、西洋系の言語に比べて、文脈に応じた人称代名詞の使い分けを強く求められる。そのことは、どのような他者を前にするかによって、自己のあり方が変わることを意味している（浜口 1988, 第5章注（1）参照）。

さらに、動機、心、精神、内面、内部などの自己そのものに言及する語彙も、自己の心理的な属性そのものを表すのではなく、自己を構築する語彙である。自己は行動の動因としての動機をもつ、あるいは、外側からはわからない心や内面をもつ、といった考え方自体が、自己意識を規定していくからである。シンボリック相互行為論にも影響を受けたアメリカの社会学者のミルズは（Mills 1970）は、「動機の語彙」という概念を用いて、動機が行動の内的な動因ではなく、動機が、それを表す語彙によって解釈されたり、正当化されたりするものと考えた。たとえば、「動機としての『母性』」を考えるとわかりやすい。母親が子どもを可愛がるのは、母親が内的なものとしての「母性」という動機をもつからではなく、「母親が子どもを可愛がるのは母性によるのだ」という母親の行為の規範的な説明を自己や他者の行為に付与するからである、と動機の語彙論は考える。つまり、人々は、「母親ならば子どもを可愛がるのは当然だ」という動機を説明する「母性」についての語彙を、自己や他者に付与することによって、安心感や不安感を抱くこともあれば、また一方で、他者を肯定的に見たり、批判や非難の対象としたりする。心などを自己や他者に付与される語彙と見なすことは、心理化とは何かを考える上でも重要である。

見てきたように、自己は、役割カテゴリー、ジェンダーやセクシュアリティ、エスニシティやナショナリティ、階級や階層、人間類型などのカテゴリー、自己言及的な語彙など、さまざまな自己を指し示すカテゴリーの語彙によって構築される。それが、認知社会学の基本的な自己への視点である。

（2）認知社会学の視点から見た社会とは

認知社会学は、「人々のカテゴリー化の作用に焦点を当てて自己や社会の存立を問う社会学」であった。では、認知社会学は社会をどう説明するのだろうか。そのことを考えるために、心理学の立場から集団論を展開したジョーン・ターナーの自己カテゴリー化論を参照しよう（Turner et al. 1987=1995）。ターナーは、自己のカテゴリーを三つに分類した。それが「人間」、「集団の成員」、「特定の個人」という三つのカテゴリーである。人間というカテゴリー化は、人間以外の生物と比較して、人間としての共通の特徴から人間を定義することを意味している。集団の成員としてのカテゴリー化は、特定の集団の成員として自己をカテゴリー化すること、そして、特定の個人としてのカテゴリー化とは、他の誰でもない固有なパーソナリティをもつ自己自身として自己をカテゴリー化することである。そして、人々が集団の成員として相互に自己を定義するとき、集団が成立する。特定の個人ではなく集団の成員として自己をカテゴリー化すること、つまりは、カテゴリー化の「脱個人化」によって集団は成立する。(3) しかし、ターナーにおいて集団を考えるとき、主には小規模な準拠集団が念頭に置かれていた。それに対して、認知社会学は、脱個人化という考えをさらに一般化して、自己を構築するカテゴリー全般、つまり、ジェンダー、エスニシティ、国家、階級などのカテゴリー、長期的、短期的な人間類型を表すカテゴリー、そして、自己言及的なカテゴリーも社会＝「集合体」を構築するカテゴリーであると考える。集合体とは、カテゴリーの脱個人化が「集団」を構築するという見方をより一般的なものとするために、集団に代えて用いた概念である。集合体は、程度の差はあれ秩序だった人々の集まりであり、(小) 集団、組織、国家、あるいは国家を超えたグローバルな関係などの概念が示すものを含んでいる。

脱個人化論は、社会を考える際に認知社会学が依拠するもう一つの出所であるシンボリック相互行為論の役割行為論やシュッツの類型論とも結びつく (片桐 2006：ch. 3 参照)。それらの理論から認知社会学が取り入れたのは、カテゴリー化が相互行為を生み出すという考えである。たとえば、向こうから自分の家に近づいてくる見知らぬ他者との相互行為を考えてみよう。このとき、その他者を郵便配達人としてカテゴリー化することで、その人の行為を予測し、その過去の行為を遡及的に推測することができ、そのことによって郵便配達人とカテゴリー化された他者との役割取得＝相互行為が形成される。同一の人間であっても、その人を見知らぬ他者、あるいはカテゴリー化の自明でない人と見なすときと、郵便配達人としてカテゴリー化するときとでは相互行為のあり方は異なってくる。固有なパーソナリティに基づく特定の個人として定義するときと、脱個人化したカテゴリー化によって定義したときでは、単に定義のあり方が異なるだけではなく、その人に対する行為の方向づけが異なってくるのである。さらに考えるべき重要な点は、他者へのカテゴリー化は、自分自身にも跳ね返るという点である。つまり、この場合、他者を郵便配達人としてカテゴリー化するとき、そのカテゴリー化にふさわしい行為を自分自身が規範的に求められる。自己カテゴリー化論が自己のカテゴリー化という認知的な作用に注目するのに対して、認知社会学は、その認知的な作用を相互行為というカテゴリー化が流動的な場面に展開した。したがって、国家や階級などのマクロとされる社会現象も決して単なる認知的な作用によるのではなく、認知的な作用に基づく日常的な相互行為によって構築されると考えられる。国家や階級などの現象も、相互を、たとえばワーキング・プアなどの階級・階層の成員としてカテゴリー化し、そのカテゴリーを自己や他者の定義や行為の範型として参照することで成立する。そのような過程において、自己と社会＝集合体は通じている。

第1節で見た個人化の過程も、認知社会学におけるカテゴリー化の視点と深く結びついている。個人化の過程は、まず自己のあり方から見ることができる。近代的個人化は、家族や地域共同体、職業的団体などの成員としてではなく、それ以上分化しえない個人（the individual）として自己をカテゴリー化する過程を意味している。但し、このときの「個人」は、自己カテゴリー化論の言うような「特定の個人」ではなく、さまざまな個別的集団から解放され、国家という枠組み、あるいはそれを超えた、人間、人類などのより普遍的な枠組みに位置づけられた人間類型である。認知社会学的に言えば、近代的個人化は、自己を位置づけるカテゴリーが、個別的な集合体から、より普遍的な枠組みに移行する過程を意味している。それに対して私化は、公的領域ではなく親密な関係におけるような私的領域に自己を意味づける過程を、そして心理化は、自己そのものに言及するカテゴリーによって自己を定義する過程を示している。一方、再帰的個人化は、近代的個人化に見られたような普遍的な枠組みが困難となり、個々の場面で再帰的に求められる自己のあり方を前提としている。このように、個人化のそれぞれの過程は、自己のあり方の変化の過程と見ることができる。

一方で、自己のあり方の変化は、社会のあり方の変化に通じている。国家の成員として相互をカテゴリー化するときと、親密な関係としての家族の成員や友人として相互をカテゴリー化するときとでは、相互行為のあり方は異なってくる。そして、自己のカテゴリー化が、自己自身に言及的な心や精神、内面や内部などに還元される心理化した社会では、自己や社会をめぐる問題が心を起点に解釈され、相互の行為が形成される。総じて言えば、近代的個人化が自己を位置づける普遍的な枠組みを少なくとも理念的にもっていたのに対して、私化、心理化、再帰的個人化は、そうした自己を位置づけるマクロな枠組み、あるいは大きな物語の喪失の過程、換言すれば社会の消失の過程と言える。本書のタイトルを「不安定な自己の社会学」としたのは、自己を位置づける強固な枠組みを失うことで不安化する自己を描くことが本書の重要なテーマだからである。その具体的な内容については次章以降で論じていこう。

このように、個人化の過程は、自己をめぐるカテゴリー化の変化の過程として、また同時に、それに基づく集合体としての社会構築のあり方が変化する過程としてとらえることができる。カテゴリー化に基づいてどのような相互行為が展開されるかといった問題は、主に第5章で扱うが、本論の主要な関心は、自己や社会をめぐるカテゴリーの歴史的な変化に注目することにある。

3　全体の要点と構成

本書は第Ⅰ部と第Ⅱ部から成っている。第1章から第4章までの第Ⅰ部は、「個人化の全体像」とあるように、近代的個人化、再帰的個人化、私化、心理化という四つの個人化過程の全体像を描くことを課題とし、第5章と第6章から成る第Ⅱ部「自己像の変容」は、個人化の過程がもたらした近代的な自己像の変化を描くことを課題とした。終章では、今日、新たに社会のあり方をめぐって争点となっているコスモポリタニズムとナショナリズムの動きをどうとらえるかを論じている。

第1章のタイトルは、「個人化と社会の消失——私化・心理化・再帰的個人化をめぐって」である。

グローバル化やネオリベラリズム的な政治、経済的な体制の中で、「社会的なもの」の消失が言われている。その場合の「社会的なもの」は、一般には、福祉的な国民国家（＝社会的国家）であり、「社会的なもの」の消失とは、リスクへの福祉的なサポートが切り捨てられ、自己責任化が高まることを意味している。個人化の過程もそうした「社会的なもの」の消失と密接に結びついており、したがって、個人化の過程を「社会的なもの」の消失と関連して論じることは重要な視点である。しかし、ここで言う社会の消失は「社会的なもの」の消失とイコールではなく、後者より広い意味で用いられている。このとき「社会」とは、個人的な問題の帰属先として想像可能な集合体であり、個人化のそれぞれの過程で、「社会」の消失がどのように論じられたかという点から個人化の過程を描いたのが第1章である。

第2章では、「心理化の現代的展開」とあるように、さまざまな側面をもつ現代的な心理化の特徴を描いた。心理化は、個人的な問題を社会的に位置づけて解決を求める傾向が薄れ、問題が心や精神に帰属される傾向を一般的には意味している。そして、その傾向は、一九九〇年代以降のグローバル化やネオリベラリズムによる断片化した社会の産物と考えられている。それは、間違いではない。しかし、心理化は多様な顔をもっている。ここでは、心理化を、自己やその状況を、心や精神の語彙に帰属させて解釈し、対処する傾向として幅広くとらえることで、それを、管理的な心理化だけでなく、自己実現の心理化や人間関係の感情意識化という側面を含むものと位置づけた。そして、それぞれの心理化の特徴を描くと共に、アメリカを中心として欧米社会における心理化が時代ごとにどう異なるかを見ることで、現代的な心理化が、一九九〇年代以降に固有な現象ではなく、一九六〇年代の対抗文化の時代や、一九七〇年代の私化の時代にも根をもつ現象であることを明らかにした。ただし、人間関係の感情意識化については、それが、近代的な自己像のあり方を大きく変える側面をもつがゆえに、第5章であらためて扱うことにした。

第3章のタイトルは、「心理化の歴史過程――心理化の起源を求めて」である。第2章では、心理化は一九九〇年代以降の現象に限らず、一九七〇年代、一九六〇年代に遡る現象であるとした。だが実は、心理化は、心理学やあるいは近代社会の成立時まで遡るより幅の長い歴史的な現象であることを第3章で考察する。人間は心や内面をもち、その外側に社会があるという自己と社会、あるいは人間と社会をめぐる二分法的な見方は、今日、多くの人に共有されている。自己やそれをめぐる状況を心や精神という内面的な属性に帰属させて解釈し、対処するという心理化の特徴は、こうした二分法的な見方を土台としている。したがって、その見方の起源は、内面を、パーソナリティ、動機、感情などとして科学的に分析しようとした心理学の成立時に遡ることができるし、そもそも、自己や社会についてのそうした像の発想を生み出した近代社会の成立時にまで遡る。こう考えると、心理化は、現代社会にのみ固有な現象でなく、近代社会の成立にまで遡る長期的な現象であり、また、今日の自己や社会についての見方を根本的に規定し、支えてきた現象と言える。以上のことを、構築主義的な立場から心理学を批判しているダンジガーと、文明化をキーワードとして西洋近代を描いたエリアスの議論をとおして指摘する。心理化が元来もっていた自己と社会についての二分法的な見方は、現代的な心理化に見られたように、自己の内面に向かう志向性をもつものだが、一方で、近代的な自己は、決して内に向かう自己ではなく、新たな社会を想像する社会的な志向性をもつ自己であった。心理化の起源は、そうした近代的個人化と重なるものであることを、章の後半で、テイラーの近代的自己論や社会論をとおして明らかにした。

第2章と第3章をとおして言えることは、心理化が単に現代社会に固有な現象なのではなく、より長期的なスパンをもつ現象であると共に、自己と社会のあり方を考える上でも根源的な意味をもつ現象だということである。

第4章のタイトルは、「戦後の日本における個人化」である。第1章から第3章までの対象が欧米社会であったのに対して、第4章は、戦後日本における個人化の過程を明らかにしたものである。戦後社会では、戦前の「封建的な共同体」から人々が解放されて、新たな自己や社会を求める政治的な関心が高まった。その典型が近代的個人や自己の探求＝近代的個人化である。それは、単に封建的な共同体からの解放や自立を求めたのではなく、近代的個人や自己像に基づく新たな社会の構築を求めたものであった。一方、高度経済成長期を迎える中で、政治的な関心が弱まり、人々の関心は自己のライフスタイルや親密な関係の充足に移っていく。そうした私化の時代をその言説に基づいて三期に分けて分析した。そして、一九九〇年代以降に、日本でもグローバル化やネオリベラリズムが進展する中で、格差や貧困が差し迫ったテーマとなる。そうした断片化する時代に対応する心理化の傾向を、（管理的な心理化の一側面としての）統治性としての心理化、自己実現の心理化、人間関係の感情意識化という現代的な心理化の三つの傾向をとおして検討した。心理化は一九九〇年代以降に固有な現象ではない。とりわけ、自己実現の心理化の傾向は私化と時代を共有している。但し、私化の時代においては、個人化は豊かな生活や自己のライフスタイルの確立としてポジティブに語られたが、一九九〇年代以降の心理化の過程においては、個人化は、社会的な繋がりを構想しえない、不安や孤立を抱えた自己の析出としてネガティブに語られるようになった。このように、個人化の過程をとおして戦後の日本社会の時代区分やその変化のあり方を描くことが、第4章の課題である。

第Ⅱ部のはじめの章である第5章のタイトルは、「人間関係の感情意識化――心理化のもう一つの側面」である。人間関係の感情意識化は、変容した近代的な自己像の一つの側面であると同時に、心理化の第三の側面でもある。近代的な自己は、他者に依存せず、明確な指針をもって自立、自律した自己であるとされ、その像は、同時に西洋社会がもつ典型的な自己像を形作ってきた。しかし、その見方に対して、構造主義やポストモダニズムの登場を待つまでもなく、すでに、一九五〇年に出版されたリースマンの他者指向的社会的性格の指摘以来、懐疑や再考の眼が向けられてきた。なぜなら、他者指向論は西洋的な個人も、状況を超えた明確な指針ももたず、具体的な他者に指針を求める状況依存的で他者指向的な人間であることを指摘したからである。リースマンの議論は一九五〇年頃のものだが、むしろその傾向は現代社会においてより強まっているという指摘がある。それが、感情に焦点を当てて現代社会論を展開している社会学者のメストロヴィッチとヴァウターズの議論である。彼らは、他者に依存するだけでなく、仲間としての他者から排除されないように、感情意識的に配慮をする人間像を描いた。それは、心や精神の語彙によって自己やその状況を解釈し対処するという心理化の一つとして位置づけられる。そして、第5章では、その傾向が、現代の日本社会だけでなく、西洋社会の特徴でもあることに注目した。

第6章のタイトルは、「自己の同一性とその不安定化――個人化と物語論の視点から」である。そこでは、近代的な自己像の変容を自己の同一性の点から検討した。一生をとおして変わらない一貫した自己という自己像も近代的な自己像の典型である。自己の同一性論は、一七〇〇年前後のロックの議論以来連綿と続いてきた。第6章は、自己の同一性を考える理論的な視点の提出と、それに基づく現代社会における自己同一性のあり方の分析を目指したものであり、理論的な視点として提出したのが「物語的な自己の同一性論」である。それは、自己の同一性が、自己の固有な属性ではなく、物語によって編み出される＝構築されるものだという見方である。その見方に立てば、自己の同一性の構築は社会的な状況によって異なることになる。現代社会では自己の同一性が不安定化している。なぜなら、現代社会では、雇用や住む場、家族などが流動化し、一貫した物語の構築が困難になってきたと考えられているからである。そのことが、「物語的な自己の同一性論」の視点から見た現代社会における自己や社会のあり方である。このように、自己論は、自己のあり方のみでなく、社会のあり方を描く上で重要な枠組みを提供する。

個人化の過程は、社会の消失という特徴をその反面にもっていた。個人化の過程が単線的に社会の消失をもたらすという見方は、現代社会を見る一つの理念型的な見方だが、そうでない側面があることはもちろん否定できない。ベックは、近代的個人化がその成立時に理想として掲げたコスモポリタンな社会の構築の現代的な可能性を模索していたし、その発想は公共性論などにも通じている。また、日本でも、新しいメディアによる公共性の構築や、若い世代による新しい社会運動についての指摘もある。一方で、欧米社会での反グローバリズムやナショナリズムの傾向、日本での歴史修正主義や「プチナショナリズム」に見られるような、さまざまな程度のナショナリズムの復権も指摘されている。最終章のタイトルは、「単線的な個人化を超えて――ナショナリズムとコスモポリタニズム」である。そこでは、認知社会学が、ナショナリズムやコスモポリタニズムなどを含めた社会の構築についてどう考えるかを検討し、その視点から、個人化の深化とナショナルなものの復権との関係や両者の並存のあり方について考えた。

注

（1）従来、役割は、社会システム内の地位に付随する期待の束と定義されてきた（安田他 1981 参照）。家族という社会システムには、父親、母親、子どもという地位があり、それぞれの地位にはそれぞれに期待の束がある。たとえば、性別分業の明確であった典型的な近代家族では、父親は働き、母親は家事や育児をし、子どもはふさわしく社会化を達成していく、というように。期待の束としての役割は、規範的な意味をもっている。したがって、そうした役割概念には、その期待に反する行為は逸脱的であり、それに対して何らかの制裁が加えられることが望ましいという含意がある。

これに対して、役割カテゴリーという考え方は、役割を期待の束と考えるのではなく、自己や他者を見る類型的な枠組みと見なすものである（cf. McCall & Simons, 1978）。そして、その見方はシュッツの類型論にも対応している。目の前にいる他者をカテゴリー化できることは、その他者に対して、どのように振る舞えばいいかの手がかりを与えてくれる。役割とは、自己や他者を見る枠組みとしてのカテゴリーであり、そのようなカテゴリーの相互の付与が動的に相互行為を生み出していく。役割が具体的な相互行為と離れて、あらかじめ社会システムに内属すると考えるのではなく、互いのカテゴリー化が相互行為を動的に生み出していくという見方が、カテゴリー化の作用に注目して自己や社会を考えようとする認知社会学の出発点である。

（2）第2章で詳論するように、より短期的な人間類型のカテゴリーとして、新人類、おたく、ジコチュウなどの語彙がある。これらの人間類型の語彙は、近代的個人に比べれば、使われてきた時期は短いし、社会的な範囲も狭いがゆえに、その影響力は弱いと言える。しかし、そのような違いはあっても、それらの語彙は個人という語彙と同じように、自己とは何かを規定するカテゴリーと考えることができる。なぜなら、自らを、新人類、おたく、ジコチュウなどの語彙で規定すること、あるいは他者からそのような語彙を付与されることは、自己とは何かを規定し、またそれに対応した振る舞いを規定するからである。

（3）脱個人化とは、あらためて定義すれば以下のようになる。つまり、「人が他者とは異なる個人差によって定義づけられた独自のパーソナリティとしてではなく、交換可能な社会的カテゴリーとして自己自身を知覚するようになる」過程であると（Turner et al. 1987：50=1995：66）。

第Ⅰ部　個人化の全体像

第1章　個人化と社会の消失
——私化・心理化・再帰的個人化をめぐって

1　社会の消失論

近代的個人化、私化、再帰的個人化、心理化を含めた個人化の動きは、社会の消失過程の裏面を示している。本章では、私化、心理化、再帰的個人化のそれぞれの個人化過程を社会の消失という観点から、順次見ていこう。なお、「消失する社会」とは一般的には「社会的なもの」＝福祉的な政策に基づく国民国家（社会的国家）、あるいは国民国家を基礎とする社会的な共同体を意味するが、これから述べるように社会の消失論にはそれを含めてさまざまなバリエーションがある。

市野川容孝は、社会の成立という意味での「社会化」が社会学において歴史的にどのように変化してきたかを論じている（市野川 2012：94-98）。第一に、一九世紀に端を発する、医療保険による医療の社会化に見られるような「社会的な国家」の形成という意味での「社会化」という考え方があり、第二に、民営化の対極としての「社会化」論が、マルクス主義の影響下で登場する。それに続いて、ジンメルの言う「社会化（sociation or Vergesellshaftung）」という考えが登場する。ジンメルの「社会化」は、諸個人の相互行為が社会を生むことを意味すると同時に、そのような社会化の過程が個人を生み出すことを意味している。最後に登場するのは、現代社会学においてもっとも一般化しているミードに代表される心理化された「社会化」概念である。市野川は、二〇世紀以降の社会学が、とりわけ最後の意味での「社会化」概念に注目することで、第一の意味での「社会化」の意味、つまり「社会的国家」化という意味での「社会化」概念を放棄してきたと指摘する。社会的国家の解体という意味での社会の消失という見方は、サッチャーの言った「もはや社会はない」というメッセージに対応している。しかし、とりわけヨーロッパで議論が展開されてきた社会の消失論の視点は、「社会的国家」の解体という視点を含めて多様である。

社会とは何かが、ひと言で答えられない難しい問いであるように、社会の消失とは何かも困難な問いである。ミードにとって「役割取得の成立」は「社会の成立」を意味していた。「社会的なものの消失」という表現における「社会的なもの」は、このような意味での「社会」ではない。社会学で議論されている社会の消失論で言う社会とは、一般に福祉的な国民国家＝社会的国家を意味していた。しかし、それだけに還元できるものでもない。次に、「社会の消失」における社会とは何かについて、既成の議論を概観しておこう。

社会が希薄化し消失する傾向を生み出したのはグローバル化であり、また、政治的、経済的なネオリベラリズムであると言われている。こうした議論を代表するイギリスの社会学者のアーリは、現代社会が移動社会となり、その結果国民国家という境界の意味が薄れてきたことを指摘する（Urry 2000＝2015）。このとき、移動とは、身体の移動、情報の移動、物の移動を含んでいる。身体の移動は、観光や仕事での移動、また移民や難民など文字どおり人の移動を意味している。また、情報の移動は、インターネットの普及による情報ネットワークの拡大に象徴される。そして、物の移動とは、経済のボーダレス化を意味している。今日のグローバル化において特徴的なことは、工場の移転に見られるように、移動が、身体や情報や生産物の移動にとどまらず、工場という施設などを含めた物の移動が見られることにある。こうした移動によって、政治的、経済的、そして社会的にも、国民国家という境界が希薄化するという議論がアーリの「社会の消失」論である(1)。

一方で、社会の消失論は国民国家の消失論にとどまるものではない。たとえば、フランスの社会学者のトゥーレーヌは管理的な社会の解体を、そして、同じくフランスの社会学者であるボードリヤールは、バーチャルな世界の拡大によるリアルな世界の揺らぎ（＝社会の消失）を指摘している。

簡単に補足しておこう。トゥーレーヌは、社会の消失を、国民国家の流動化をふまえて、より広い意味での合理的で管理された社会の消失としてとらえている。合理的で管理的な社会とは、ウェーバーが描いたような近代国家の官僚制的な特徴に見られるように、社会学が描いてきた典型的な社会像でもある。合理的で管理的な社会は、それからの疎外や孤立などの議論の中で、また、一九六〇年代以降の管理社会への対抗運動の中で存在が希薄化していく（Touraine 1989 : 7f.）。

一方で、ボードリヤールは、メディア論の立場から社会の消失を論じている。テレビで中継され、それに世界中の人々が熱狂した事例をふまえて、「湾岸戦争はなかった」と語ったことに典型的に見られるように、テレビや映画などのメディアが作り出すバーチャルな世界とリアルな世界との境界線が曖昧化することが、ボードリヤールの指摘する社会の消失論の基本である（Baudrillard 1983 : 82f.）。

こうして見ると、社会の消失論において、「社会」の何が消失したかという議論は必ずしも一義的ではない。また、社会の消失と言ったとき、「消失」とは何を意味するかの規定も難しい。消失とは、「客観的なもの」として「社会」が「消失する」ことを意味するのだろうか。それとも、それが、人々の意識から希薄化＝消失することを意味するのだろうか。このように、「社会」とは何か、また、その「消失」とは何かは多義的にとらえられる。ここでは、「社会の消失」を、福祉的な国民国家（社会的国家）としての「社会」の消失を必ずしも意味するものではなく、もう少し広い意味で用いよう。つまり、「社会の消失」における「社会」を、対面的な関係を超えた集合体であり、人々が個人的なトラブルに対してその集合体の枠での解決を期待しうるような単位であると考えよう。

そのような「社会」は、対面的な関係における相互行為としての社会とも異なっている。それは、いわゆる社会的国家の場合もあるし、そうでない場合もある。また、トゥーレーヌの言う合理的で管理された社会は、それがトラブルの解決の帰属先として期待されない限り「社会」ではないことになる。他方でボードリヤールは、バーチャルな世界がリアルな世界を侵食するがゆえに社会は無くなったとしたが、リアルとされる社会も、国民国家が想像の共同体であるように、バーチャルな側面がなければ成り立たない。したがって、ここでの「社会」も、対面的な関係を超えて人々の意味づけやカテゴリー化によって成り立つ想像の共同体であることには変わりない。相互行為としての「社会」、社会的国家としての「社会的なもの」、そして、社会の消失という文脈で用いられる「社会」はそれぞれに異なっているが、以降は、特別な意味を付与しない限り、煩雑となるので原則的にはカギ括弧などを用いて区別しない。それらの違いは、文脈の中で読み取って欲しい。

2　私化をめぐって

私化現象を社会学の分野において中心的に論じてきたのはバーガーである（片桐 1991, 2011：ch. 5 参照）。バーガーの議論は、ドイツの哲学者であるゲーレンの「主観化（Subjektivisierung）」論など戦後のドイツ社会学の影響の中で展開された。一方で、エリオットらは、私化現象を「孤立した私生活主義（privatism）」と名前づけ、それを論じたものとして、リースマンの大衆社会論やラッシュらのナルシズム論などをあげた（Elliott & Lemert 2006）。リースマンやラッシュらは、必ずしも私化という言葉を用いて論じているわけではないが、彼らの議論を私化論として位置づけたのは、リースマンの大衆社会論やラッシュらのナルシズム論が、私化現象に対応する社会的な現実を論じてきたからだろう。こうして見ると、私化論は幅広い裾野をもっているし、そこで論じられてきたテーマや内容は、日本語での「マイホーム主義」や英語での「ミーイズム（meism）」に還元されるものではない。ここでは、私化論全般を取り上げるのではなく、私化現象を社会の消失という論点から論じよう。取り上げるのは、私化現象に注目することで主に一九七〇年代のアメリカ社会の変容を描いたバーガーの私化論だが、その他の論者に関しては、バーガーの議論との関連で節の終わりで取り上げる。

（1）私化論と社会の消失

バーガーは、「認知様式」の点で現代社会が公的領域と私的領域に区分され、また、前者の公的領域は、産業と官僚制の世界に区分されると考えた(2)。産業の世界では、人々は自らを代替可能な単位として認知し、抽象的な仕事の体系の中に組み込まれた匿名的な存在として認知している。また、自らの行為と生産の最終的な結果との関連を問うことはなく（あるいは問うことが困難なままで）、個々の具体的な場面で問題を解決していく効率性が求められる。バーガーは、こうした認知様式によって産業領域として仕事の世界が経験されていると考えた。それに対して、官僚制の領域、つまりは、国家に象徴される公的領域は、産業領域と共通しつつも異なる認知様式で経験されている。自己を代替可能な単位や匿名的な存在として認知することは産業領域と同じだが、官僚制の領域では、具体的な場面での問題解決という効率性でなく、個々の問題を所定の手続きどおりに処理することが重要視され、それが行為の正当性に根拠を与えている（Berger, Berger & Kellner 1974：32-40=1977：28-39, 55-63=1977：50-58）。

公的領域に対して、私的領域での認知様式はどのようなものだろうか。自己や他者を、特定の固定したカテゴリーに基づいて定義したり、仕事の世界や官僚制などの抽象的な体系の中に位置づけたりするのではなく、個性をもつ具体的で親密な存在として、また、常に可変的な存在として定義することがその主要な特徴である。それは、目的と手段との関連づけや、問題解決あるいは正当性という基準で人間を見るのではなく、「自己そのものを価値あるもの、現実感のあるもの」と見るという認知様式と言い換えられる（Berger, Berger & Kellner 1974：73-75=1977：85-86）。

バーガーは社会の消失という表現はしていない。認知様式の点で公的領域が人々にとって意味あるものとして感じられなくなったこと、そしてそれに呼応して、私的領域に生きる意味やアイデンティティの根拠を求めるようになったこと、これらを私化現象と考えた。あくまで認知様式の点で、公的領域は意味あるもの、アイデンティティの根拠として経験の世界から消失したのである。つまり、公的領域が官僚化されることで、自己のトラブルの解決を帰属できる領域でなくなったのである。その限りで、社会は消失したと言える。トゥーレーヌは、合理的で管理的な社会を念頭にして社会の消失を考えたが、バーガーもその意味での社会が人々の認知様式の点で消失したと考えたのである。

一方で、認知様式の点で公的領域が無意味化することが、決してネガティブにとらえられていたわけでないことに注目しよう。そのことは、バーガーが依拠したゲーレンの主観化論や、ヨーロッパの大衆社会論への批判的な視点の中に読み取ることができる。

ゲーレンは、動物の行動や社会が本能によって規制されているのに対して、そのような本能を欠く人間の行動や社会は制度によって秩序化されていると考える。現代社会をとらえるキーワードとしての主観化とは、そうした制度が希薄化し、動物のように衝動や感情が露出化する傾向を意味している。そして、ゲーレンにとって、私化現象とは、そうした制度の希薄化と衝動や感情の露出を意味するがゆえに、本来的な人間のあり方に反するネガティブな現象であることになる（Gehlen 1957：118f.=1986）。

一方で、マンハイムやフロムに代表されるヨーロッパの大衆社会論は、国家などの公的領域と個人とを結ぶ媒介的関係が希薄化することによって、個人が直接国家の影響下にさらされることを描いてきた。なぜなら、そのことがナチズムという全体主義的な国家体制の成立を許してきたからである。この図式は、一方で、公的領域からの個人の疎外や孤立、他方で、私的生活における享楽的な衝動や感情の発散という見方を前提としている。このような大衆社会論によれば、公的領域が人々の生にとって無意味化し、私的領域においてそれに変わる意味を求めようとする私化現象はネガティブな現象であることになる（片桐 2011：ch. 3 参照）。

こうした主観化論や大衆社会論に対して、バーガーは批判的である。私化現象はネガティブに評価される現象ではない。なぜなら、一つの認知様式としての公的領域が無意味化することは、公的領域における規制から人々が解放されることを意味し、そうした規制から自由に私的領域を構築できるようになるからである。したがって「私的領域とは、……個人の選択の空間であり、自律性の空間でさえある」ことになる（Berger 1977：10）。

私化現象をポジティブに描くバーガーの議論は、何を私的領域と見なすかにも結びついている。私的領域とは、制度化された近代家族や近隣関係にとどまることはない。それは、異性同士の結婚や制度的な結婚生活の規範にとらわれないステップ・ファミリーやエコロジーの思想に基づく共同体をも意味している（Berger, Berger & Kellner 1974：185-191=1977：241-249）。こうした私的領域についてのイメージは、一九六〇年代から一九七〇年代にかけての対抗文化を背景にしているし、そうであるがゆえに、私生活主義やミーイズムによって連想される私的領域とは大きく異なっている。

（2）私化現象への揺り戻しとしての社会の復権

私化現象下での社会の消失、つまり、一つの認知様式としての公的領域が人々の生にとって意味あるものでなくなり、それに代わって私的領域がアイデンティティの根拠となるという傾向は、むしろポジティブに描かれた。こうした私化現象への見方に対して社会を復権しようとする動きが登場する。それは、ナルシズムや共同体主義（コミュニタリアニズム）の議論に典型的に見ることができる。一方でバーガー自身も、私化現象へのポジティブな評価を、一九八〇年代以降の「媒介構造（mediating structure）」＝媒介的関係論の展開の中で微妙に変える。そこでは、近代的家族や近隣関係、自発的集団などの媒介的関係の解体が社会を不安定化することが指摘され、それゆえに、媒介的関係の復権が主張されているからである。典型的には、家族への見方に大きな変化が見られる。先に見た一九七〇年代の私化論では、私的領域の典型としての家族は近代的な家族に限定されず、さまざまな形態を含むものであり、それは対抗文化を背景とするものであった。しかし「媒介構造」論では、それらの私的領域のあり方が、むしろ近代的な家族を不安定化させたと指摘されている（Berger & Berger 1983：154f.）。

こうした私化現象への評価の微妙な変化は、一九八〇年代におけるナルシズム論や共同体主義（コミュニタリアニズム）の台頭ともかかわっている。

ナルシズム論は、消費社会の進展の中で、人々が歴史的に構築してきた共同体への関心を忘れ、自己の欲望を肯定する同質的な他者とのみ関係をもつ人間像を描いたものである。その説明の図式では、理想と野心という精神分析の用語が核となっている。つまり、人間は、共同体が提供する理想を枠組みとして、野心をもってその実現を目指すと考えられるべきだが、現代社会では、理想が希薄化し、野心も親の過干渉によって奪われている。したがって、現代人は、実現すべき欲望を規制する枠組みを失うがゆえに、欲望が肥大し、欲望を肯定する他者とのみ関係をもち、それを否定する他者を排除する。これが、ラッシュのナルシズム論の図式である（Lasch 1979：170-173=1981：246-249）。

この図式は、一九六〇年代におけるエリクソンのアイデンティティ論と対比したとき、その特徴をより鮮明に見ることができる。なぜなら、エリクソンにおけるアイデンティティの探求（＝自己の存在証明）は、理想我（ego）をふまえているからである。理想我は、より無意識的な超自我とは区別され、家族、階級、民族などの集合体によって提供される。そして、アイデンティティは、個々人が理想我を柔軟に、意識的、自覚的に取り入れることによって獲得される（Erikson 1959=1973）。ナルシス的な自己とは理想我を欠いた状況の下でアイデンティティを探求する自己である点で、エリクソン的な人間像とは区別される。ナルシズムの自己論は、むしろ、公的領域が人々に生きる意味を提供する場でなくなり、それに対して私的領域において生の意味やアイデンティティの根拠を求めるようになったという私化論の図式と対応している。

一方で、一九八〇年代のアメリカ社会において登場した共同体主義も、ナルシズム論に共通する社会像を提出している。その一つの社会像を提供したベラーらは、現代社会を四つの個人主義の点から描いた（Bellah et al. 1985：143f.=1991：175f. 片桐 2011：ch. 5 参照）。はじめの二つは、対等な個々人の参加による共同体の構築を理想とする共和的個人主義と「公正で慈悲深い社会」という聖書の理想を目標とする聖書的個人主義である。この二つの個人主義は相互に結びついている。なぜなら、参加による共同体の構築は、聖書の理念に支えられてはじめて可能となるからである。それに対比されるのは、共同体の理念や理想とは離れて、自己の経済的な利益の実現を重視する功利的個人主義と、個人の欲望の充足を第一とする表現（表出）的個人主義の二つである。四つの個人主義をふまえて、ベラーらは、現代社会が、共和的個人主義や聖書的個人主義から、功利的個人主義や表現的個人主義へと移行する社会だと考えた。一方、そのベクトルは、再び、共和的個人主義や聖書的個人主義の方へと向かわなければならないと考える。このような共同体主義も、私化という用語は用いなくとも、公的領域への関心が薄れ、私的領域が意味やアイデンティティの根拠とされるようになったと考える私化論に対応している。

バーガーは、私化論をあくまで認知様式の点から展開し、私的領域での認知様式に生の意味やアイデンティティの探求の根拠を求める人間像を発見し、それをポジティブに位置づけようとした。私化現象へのポジティブな評価は、一九六〇年代から一九七〇年代にかけての対抗文化期に対応するものであったが、その評価は一九八〇年代以降の「媒介構造」論においては微妙に変化してきた。そして、そうした変化は、ナルシズム論やベラーらの共同体主義における私化現象への評価とも対応するものであった。あらためて指摘しておきたいことは、私化現象が、とりわけ一九六〇年代から一九七〇年代にかけてのバーガーの議論の中では、私生活主義（privatism）やミーイズムに還元されるものではなく、公的領域から解放された新たな社会の構築への展望をもって語られたという点である。

3　心理化をめぐって

次に、社会の消失という観点から心理化について検討しよう。心理化は、序章でも示したように、多元的な過程を含むものだが、ここでは、心理化と社会の消失との関連を心理化の一つのあり方としたローズの見方を基礎として考えよう。

（1）ローズの心理化論と社会の消失論

一般に、統治性としての心理化とは、さまざまなトラブルが社会的な条件に帰属されずに、心や精神の問題に帰属される傾向を意味していた。つまり、そこでは、さまざまなトラブルが心や精神の語彙によって解釈され対処されるべきとされ、それらの問題が社会的な原因をもつものとして位置づけられたり、その解決が社会的に指向されたりはしない。その意味では、社会が消失している。但し、この点での社会の消失は、必ずしも、個人の孤立や共同体の消失、解体を意味しているわけではない。ローズは、現代社会における心理化のあり方を、労働の主観化（subjectification）、日常生活の心理化、有限性のセラピー、社会的出会いの神経症化の点から指摘している（Rose 1990：244-245=2016：399-400）(3)。

労働の主観化とは、仕事上での悩みや失敗などのトラブルが、経済的な状況やその仕事場での労働条件などの社会的な問題として位置づけられるのでなく、あくまで、労働者個人の心や精神の問題として位置づけられる傾向を意味している。そして、主観化の傾向は、労働の場だけではなく日常生活の場面にまで浸透している。日常的な生活の心理化とは、住宅の購入、子どもの出産、結婚や離婚などの日常生活での出来事がセラピーの語彙で語られる傾向を意味している。たとえば、日常生活での大きな転機や危機にうまく対処できないことは、恐れや抑圧などの心理的な状態、あるいは心理的、精神的なトラブルに対処するスキルの欠如のせいであるとされる。一方、人生の有限性の象徴としての死への対処も、セラピー上の枠組みで意味づけられる傾向にある。自己の死を恐れ、他者の死を前にして深い悲しみに陥ることは誰でもが経験することだが、それらに対処するために死別カウンセリングなどのセラピー上の枠組みが用いられる。そのことが、有限性のセラピーを意味している。現代社会では、セラピーは、かつての宗教に代わって、死を意味づけ、死に対処するスキルを提供しているのである。そして、最後の社会的出会いの神経症化とは、仕事の場や日常生活での人間関係などの他者とのコミュニケーション上のトラブルがセラピーの語彙で説明されることを意味している。長時間労働や過剰な仕事量などのストレスが他者との軋轢を高めたり、ジェンダー差別が夫婦の人間関係のトラブルの原因と推論されたりしても、それらのトラブルは、コミュニケーション・スキルの欠如や性格などの問題に帰属される。この社会的出会いの神経症化においても、トラブルの原因は社会的な状況に帰属されずに、個人の心理的、精神的な属性に帰属されることになる。

統治性としての心理化とは、自己の抱えるさまざまなトラブル、つまり、仕事場や日常生活での悩みや死をめぐる不安などを、心や精神の語彙によって解釈したり、対処したりする傾向を意味している。こうした心理化の傾向が、ネオリベラリズムの動きと密接な関連があることを、ローズは、「社会的なものの死」をめぐる論考の中で指摘している（Rose 1996：337f.）。

その論点は、経済と国家の分離↓保険や保障の自己責任化↓排除された人々の専門家による統治という構図を取っている。つまり、国家は、社会という名の下で、社会福祉政策や（富の再配分などの）経済政策に介入してきたが、ネオリベラリズムの下では、経済は国家から分離し、もはや社会という名の下では統治されなくなる。たとえば、失業は、失業保険に象徴されるように国家による配慮の対象であったが、経済と国家の分離した状況下では、それは、一人ひとりの労働者の自己責任によって対処されるものとなる。また、健康は、個々人が自己責任という名の下で管理すべきものであり、それぞれの選択した民間の保険に入ることを推奨され、そのことを、医療保険をめぐるコマーシャルがあおり立てる。つまり、ネオリベラリズムの下では、保険や保障は、国家によって管理され運営されるものではなく、個々人の責任において購入し管理、運営されるものとなる。こうして、国家が経済に介入し福祉的な政策を推進してきた社会＝「社会的なもの」の存在は希薄化し、経済は国家から自立し、社会のサポートに支えられてきた個々人は、それぞれの努力や自己責任によって生活を築き上げていかなくてはならなくなる。そうした、自己による自己の統治ができない人は、周辺化されることで排除され、専門家による統治の対象となる。たとえば、失業者は、自己責任のもてる市民へと再び戻るために、職業訓練の強制的な対象とされ、また、性格の改善のためにセラピーの対象とされる。

経済と国家の分離→保険や保障の自己責任化→排除された人々への専門家による統治という構図は「社会の死」を意味している。そのような図式による心理化の説明は、主には国家や経済の変化、つまりは、社会的国家に注目したものだが、そうした変化の過程で人生の設計が自己の責任とされていく過程は、先に示した、仕事の場や日常生活での心理化の進展、つまりは、個人的なトラブルへの対処が心理化していく現象を支えている。

統治性としての心理化は、確かに自己責任や、トラブルの個人への帰責などを意味していることから、個々人がばらばらに分断された社会を想定しがちである。しかし、自己責任やトラブルの個人への帰責は、必ずしも個々人がばらばらな社会を意味するのではなく、分断化された個々の小規模な共同体を単位としても行われていることを、ローズは指摘している。その典型が、ゲイティッド・シティ（gated city）や性的マイノリティの人たちの共同体である。ゲイティッド・シティでは、住民自らが、防犯の施設を含めて多額な資金を出し合って環境を整備し、そのことで、住民を選別し異質な他者を排除する。一方、性的マイノリティとしてのゲイの共同体では、自助グループやその活動家をとおした反エイズの健康増進のプログラムに典型的に見られるように、健康増進が政府による強制ではなく、ゲイとしてのアイデンティティ形成と結びつけられて自発的に行われる（Rose 1996：335-336）[4]。

自己責任やトラブルの個人への帰責は個人単位でなされるとは限らず、個別的な共同体を単位としても行われている。それが、現代社会における心理化の一つの傾向である。そして、ローズは、一九七〇年代頃までの共同体のイメージと現代のそれとの質的な変化を指摘する。つまり、それまでの共同体は、（先のバーガーの私化論にも典型的に示されたように）大衆社会の匿名化や孤独に対抗する親密な場と描かれたし、また一方で、対抗文化のさまざまな共同体に象徴されるように、国家的な官僚制による統治に対抗する場として描かれてきた（Rose 1996：332）。しかし、統治に対抗する場としての共同体というイメージは、一九九〇年前後からのネオリベラリズムやグローバル化の進行の中で大きく変化し、むしろ、共同体は統治の単位となっていく。それが、心理化の下での共同体の特徴である[5]。

（2）心理化と私化

次に、心理化を私化論と関連づけることで、心理化に対するローズの見方とは対照的な視点を見てみよう。バーガーの私化論では、私化は必ずしもミーイズムや私生活主義を意味するのではなく、新しい対抗的なライフスタイルの表出を意味するものでもあった。一方で、バーガーは、私化現象は心理化と密接に結びつくものと考えている。私化現象は、生きる意味やアイデンティティを求める対象が公的領域から私的領域に移行する現象を示していた。そして、その探求のために重要な機能をもつものの一つが心理学的モデルや思考である。その探求の形式は、普通の人たちが自らの経験を意味づけるために心理学的モデルを当てはめることから、専門家としてのセラピストにかかることまで多様なものを含んでいる。

バーガーは言う。「心理学的なモデルが心理学的な現実を経験的に描くほど、前者は後者を作り出していく。心理学的な現実は、今度は心理学的モデルによって作られるのである。なぜなら、心理学的モデルは、心理学的な現実を記述するだけではなく、規定するからである」と（Berger 1965：34）。これは、状況の定義が現実を構築すると考えたトマスの定理に対応する。人々は、日常的な経験において、また、セラピストという専門家との対応の中で、心理学的なモデルを自己の経験に当てはめ解釈する限りで、心理学的な現実を構築する。それが、「心理（学）主義（psychologism）」である（Berger 1965：38）。私化現象は、生きる意味やアイデンティティの私的領域での探求をもたらし、その探求が心理学的なモデルによって行われる限りで、心理化の傾向を内に含んでいる。

バーガーの私化現象への位置づけが、単なる私生活主義やミーイズムを意味せず、対抗的なライフスタイルの探求を意味していたように、同じく私化論を展開したルックマンも私化現象に対して同様な位置づけをしている。ルックマンの私化現象の規定も、バーガーのそれに対応する。なぜなら、公的領域が、合理的で管理的な側面において人々の生活を規定しながらも、私的領域は、それらの規定から解放され、個人的な自律性の感覚が増大する傾向を、私化現象が意味しているからである（Luckmann 1996：73）。そして、私化現象の事例としてルックマンは、東洋の神秘主義、オカルト、ニューエイジ現象や、ポピュラー心理学に関する本、プレイボーイ誌上に掲載される意識の拡張に関する記事などをあげ、それによって進行する心理学的な素材の消費化も私化現象と結びついていると言う（Luckmann 1996：75）。この傾向は、心理化の第二の特徴としての「自己実現の心理化」に対応している（第2章参照）。

バーガーやルックマンの私化論において言えることは、第一に、私化現象は心理化の傾向と密接に結びつくこと、第二に、私化現象は、大衆社会論が示したように匿名化や疎外をもたらす現象でもなく、またローズが心理化論で示したような統治性の現象でもなく、むしろ、既成の価値への対抗や、個人のアイデンティティの自律的な探求の場として位置づけられていたことである。

こうした、私化現象、あるいは心理化の位置づけは、先に見たローズの統治性論とは大きく異なっている。なぜなら、心理化という現象は、一九九〇年代以降のネオリベラリズムやグローバル化の進行する中で統治化の文脈で語られたが、それが、心理化の唯一の語りではなく、一九七〇年頃までは、むしろ、解放や自立の文脈で語られていた。両者は共に私化や心理化を社会の消失の問題として位置づけていたが、消失の意味内容は異なっている。つまり、心理化による社会の消失とは、私化論の文脈では、合理的で管理的な社会からの解放を意味し、統治性としての心理化論の文脈では、「社会的なもの」＝社会的国家の消失を意味していたのである(6)。

4　再帰的個人化をめぐって

(1) バウマンの現代社会論

最後に、社会の消失が、再帰的個人化論においてどう論じられているかを見てみよう。すべての再帰的個人化論が、社会の消失を主張しているわけではない。ギデンズやベックは、再帰的個人化を新しい社会運動の成立の契機と見ているし、最終章で詳しく取り上げるように、ベックは、とりわけ二〇〇〇年代以降、個人化をコスモポリタン化としてとらえ、普遍的な社会の構築を展望している。ここでは、ベックらとも共通の現代社会論を展開しながら、個人化を社会の消失と深く関連づけて論じているバウマンを取り上げ、社会の消失が再帰的個人化との関連でどう論じられているかを検討しよう。

バウマンの現代社会論は、一九九〇年代を中心とする近代批判、あるいはポストモダン論の展開と、二〇〇〇年以降の一連のリキッド論では微妙に論点が変わっている（片桐 2011：ch. 7 参照）。前期の近代批判では、ホロコーストに代表されるように、（西洋の）近代社会が管理的な社会と同義であることが強調された。バウマンは、近代の国民国家を「庭園国家」と呼んでいる。自然環境とは違い、庭園は、管理することなしには維持することはできない。放置しておけば繁殖する雑草を除去することで、整然とした庭園が維持されるからである。国民国家への批判者や秩序からの脱落者などのマージナルな人々を排除することによって、国民国家の秩序は整然としたものとして維持される。そして、マージナルな人々の排除による管理された国民国家の構築がホロコーストを生み出したのである。これがバウマンの近代批判の骨子である（Bauman 1991：54f.）。

こうした管理的で一元的な秩序を相対化する契機が、ポストモダン社会である。バウマンは、ポストモダン社会の一つの特徴をアンビバレンスに求めている。アンビバレンスとは、一つの対象に複数のカテゴリーが付与されうる事態を意味している（Bauman 1991：1）。たとえば、男でもあると同時に女でもあると定義される人のように。一元的な庭園国家としての近代社会は、マージナルな存在を認めない整然とした単一のカテゴリー化社会であるがゆえに、それを相対化する契機としてアンビバレンスは重要である。前期のバウマンは、マージナルな存在を排除する庭園国家としての国民国家に対して、それを相対化する契機を含むアンビバレンスに注目し、その傾向をはらむ社会としてポストモダン社会を肯定的に描いてきた。

一方で、二〇〇〇年に出版された『リキッド・モダニティ（リキッドな近代）』以降のバウマンは、その視点を微妙に変えていく。それが、バウマンのリキッド・ターンである。

リキッドな近代の特徴は三つある（Bauman 2000c=2001，片桐 2006：208f. 参照）。それは、経済、地域共同体（コミュニティ）、家族の変化である。経済の変化とは、重い資本主義から軽い資本主義への変化、換言すれば、フォーディズムからポスト・フォーディズムへの移行である。それは、少品種の大量生産と終身雇用に特徴づけられるフォーディズムから、多品種少量生産と雇用の流動化という特徴をもつポスト・フォーディズムへの移行を意味している。地域共同体の変化とは、それが長期的に住んで、愛着をもつ対象ではなくなり、匿名的な空間に変化し、愛着をもてたとしても、カーニヴァルやクローク・ルームなどの一時的な場に限定されてきた傾向を意味している。そして、家族も、近代家族に見られたように、パートナーのどちらかが死ぬまで続くものではなくなり、一時的に関与する流動的なものとなる。それをバウマンはホテル家族と呼ぶ。

経済が軽い資本主義によって特徴づけられ、地域共同体が一時的なカーニヴァルやクローク・ルーム型のコミュニティとなり、家族もホテル家族となる。リキッドな近代は、時間的にも空間的にも、一時的、流動的にしか、企業や地域共同体や家族に関与しないリキッドな社会なのである。

リキッドな近代像は、必ずしも肯定的に描かれているわけではない。リキッドな近代では、企業や地域共同体、家族は、個人の人生より短期的なものとなり、歴史的な物語に基づいてそれらの場に自己の存在証明としてのアイデンティティを求めることが困難となる。そのことは、アイデンティティの不安定な探求をもたらすことになる（第6章参照）。そして、個人誌を超えた歴史的な物語の中に自己の生を位置づけることの困難さは、アイデンティティ探求の自己言及化をもたらし、個人的な事柄を社会的な事柄に位置づける想像力を奪うことになる。そのことは、さまざまなトラブルを社会的な問題として位置づける想像力を衰退させ、心や精神などの属性に帰属させるという意味での統治性としての心理化とも対応している。

（2）バウマンの現代社会論と社会の消失論

バウマンの社会概念の検討は、先に見た前期の近代批判やポストモダン論の文脈と、後期のリキッドな近代論の文脈では、それぞれの現代社会論の視点がずれているように、微妙にずれている。

バウマンの近代批判論やポストモダン論は、近代社会がもたらした生産中心で効率的な社会秩序が解体し、それに伴って、社会学が前提としてきた社会モデルが無効となりつつあることを指摘する（Bauman 1989, 1992）。その変化の典型は、リースマンの内部指向的な社会から他者指向的な社会への移行に示されている（Bauman 1989：41）。つまり、内部指向的な社会では、社会の比重は工業生産にあり、プロテスタンティズムを背景として人々は、長期的な展望の下に禁欲的、効率的に生産に従事していたのに対して、他者指向的な社会では、比重は生産から消費に移行し、人々の関心は私的な世界での欲望の短期的な充足に移行する。デュルケムに代表される近代社会学の社会モデルは、内部指向的な社会、つまりは効率を鍵とする体系的な秩序をもつ社会を根拠としており、ポストモダン社会では、そうした社会モデルは変更を余儀なくされる。

こうした社会モデルの再考は、前期のバウマンの現代社会論に対応して、体系的な秩序をもつ近代社会、また、近代社会をふまえて成立してきた社会学への批判に根ざしている。そして、社会学理論の新しい潮流としての、エスノメソドロジーやシュッツの現象学的社会学などは、社会を全体的なまとまりをもつ体系としてとらえず、言語ゲームでの社会的な現実の構築や多元的な現実に注目する点で、近代批判の社会学、あるいはポストモダンの社会学として位置づけられる（Bauman 1989：37）。

近代に対するポストモダン社会を、近代の体系性を相対化するアンビバレントな属性を孕むがゆえに一面で肯定的に描いていた前期のバウマンの現代社会論は、ポストモダン論の文脈で社会概念を再検討する動向とも対応している。なぜなら、その動向は、近代社会の体系性を批判し、言語ゲームでの社会の再生産に注目する社会概念を肯定的に描いているからである。

一方、ポストモダン論の文脈で行う社会概念の議論は、『リキッド・モダニティ』以降の社会概念の再検討では微妙に変化していく。その変化は、社会概念の再検討を中心に扱った『包囲される社会（*Society under Siege*）』（Bauman 2002）に見ることができる。

そこでの社会の消失についての議論は、リキッドな近代論の延長線の上にある。つまり、リキッドな近代では、企業、地域共同体、家族は、一時的、流動的なものとなり、その結果、それらは人々にとって長期的なコミットメントの対象ではなくなること、それが社会の消失であった（Bauman 2002：39）。一方で、従来から社会学が描いてきた社会は、長期的なコミットメントを可能とさせるようなソリッドな社会であった。ソリッドな社会とは、リキッドな近代とは対照的な特徴をもつ社会、つまり、終身雇用的な企業へのかかわり、コミットメントの対象としての地域共同体、「どちらかのパートナーが死ぬまで」持続する安定した近代家族によって特徴づけられる。そして、バウマンによれば、こうした特徴をもつソリッドな社会は、強制力と福祉的な政策の両面から人々を包摂する強固な国民国家によって可能とされるのであった（Bauman 2002：44）。

つまり、社会の消失とは、リキッドな近代において、ソリッドな社会における長期的なコミットメントを支えてきた社会的国家が希薄化し、それに伴ってコミットメントの単位が個人化、短期化することを意味している。そして、そうした社会の消失への評価も、リキッドな近代論に対応して否定的なものとなる。

バウマンは言う。「特定の領域に関与することを低く評価したり、恒久性を敵視したりすることは、『社会』への新たな不信になって現れる。また、それは、社会に結びつき社会によって促進され社会によって引き出される解決法を、特定の人、あるいは個人的に経験される人間の問題にすべて結びつけることで引き起こされる困難さとしてあらわれる」と（Bauman 2002：236）。つまり、コミットメントがその安定した対象としての場を失い短期化することは、社会への不信を生み、同時に、人々の間の問題を社会的なものと見なし、社会的に解決する想像力を奪うのである。このとき、社会は、人々のコミットメントや認知の枠組みであり、また、想像力の産物でもある。その限りで、バウマンの社会の定義は、問題解決を帰属しうる想像の共同体というここでの社会の定義とも共通する。リキッドな近代では、そうした社会の枠組みが希薄化するがゆえに、トラブルを社会の枠組みに位置づけ、対処することができない。社会の消失へのこのような批判的、否定的な位置づけは、リキッドな近代への批判的、否定的な視点に対応している。

つまり、リキッドな近代論以前では、合理的で管理的な近代社会の消失、あるいはその相対化が人々を解放するものとしてポジティブに描かれたのに対して、二〇〇〇年頃からの一連のリキッドな近代論では、社会的国家に象徴される社会の消失が、個々のトラブルを社会的に位置づける想像力を奪うものとしてネガティブに描かれたのである。その変化は、グローバル化やネオリベラリズムの進行という社会的背景の変化に対応していると言えるだろう。

5　社会の消失・再考

最後に、まとめとして二つの点を指摘しよう。

第一の点は、社会の消失論が対象とする社会とは何かという点である。第1節で見たように、社会の消失論が対象とする消失する社会は、多岐的なものであった。つまり、アーリは主に移動社会化に伴う国民国家の消失に注目したし、トゥーレーヌは近代的な合理的で管理的な社会の消失に注目し、ボードリヤールはバーチャルな現実の拡大に伴う、リアルとバーチャルな現実との境界線の曖昧化に注目した。

この点から見るなら、私化、心理化、再帰的個人化論が問題にした消失する社会のイメージは同一ではない。私化論で取り上げたバーガーは認知様式としての公的領域の匿名化という点から社会の消失を論じたが、その社会の消失論が対象とした社会とは、公的領域に代表される合理的で管理的な社会である。また、心理化論で取り上げたローズの社会の消失論はグローバル化やネオリベラルの進行を背景とする社会的な国民国家、いわゆる「社会的なもの」の消失を念頭に置いている。そして、再帰的個人化論の代表として取り上げたバウマンは、前期においては合理的で管理的な近代国家の消失を、そして後期ではグローバル化の下での社会的な国民国家の消失を論じた。このように、私化、心理化、再帰的個人化論における社会の消失論が念頭に置く、消失したとされる社会のイメージは一様ではない。

さらに、まとめとしてもう一つ指摘しておくべき重要な点は、社会の消失への評価の仕方の違い、あるいは時代的違いである。

一九七〇年代のバーガーの私化論は、公的領域の衰退を、新たな価値観や対抗的なライフスタイルの登場の契機として肯定的に描こうとした。一方で、一九八〇年代では、ナルシズム論や共同体主義の議論に見られたように、私化は社会的な位置づけの欠如として否定的に描かれるようになった。そして、バーガー自身も、「媒介構造」論に典型的に見られたように、近代家族を含めた媒介的関係の復権を主張するようになる。一方、心理化論を展開したローズは、心理化がさまざまなトラブルを心や精神の語彙に帰属させる傾向を社会の消失としてとらえ、それが統治の機能をもつものとして批判的に位置づけた。また、再帰的個人化を論じたバウマンは、前期においては合理的で管理的な近代国家の衰退をポストモダン社会の兆候として、近代国家を相対化する契機としてポジティブに描こうとしたが、一方で、グローバル化やネオリベラリズムの進行するリキッドな近代における社会の消失の傾向を、社会という枠組みの中にトラブルを位置づける社会的な想像力の衰退としてネガティブに描こうとした。

これらの傾向を総じて言えば、グローバル化やネオリベラリズムの進行する一九九〇年代以降の社会の消失論は、社会を枠組みとするサポートや社会的な想像力の衰退を指摘する点で、社会の消失をネガティブに描こうとしたのに対して、一九六〇年代、一九七〇年代に遡る社会の消失論は、近代国家批判の論点にしても、対抗的な文化論の文脈にしても、社会の消失を肯定的に描こうとした。このとき想定された社会は、前者においては合理的で管理的な社会であり、後者においては人々を包摂する「社会的なもの」としての社会的国家である。

その傾向は、日本社会にも当てはまる。社会の消失をめぐるこのような時代的な変化は、序章でも言及した日本での無縁社会論にも言えるからである。NHKが取り上げた無縁社会は、グローバル化やネオリベラリズムの進行下での格差の拡大や雇用の流動化を背景として論じられ、いかに縁を復活させるべきかという視点から取り上げられた。しかし、戦後のとりわけ高度経済成長期には、人々は抑圧的な社会のしがらみを引きずる縁を絶ちきって、むしろ積極的に無縁社会を求めたのである（島田 2011：ch. 3参照）。つまり、一九六〇年代、一九七〇年代の高度経済成長期の下では、無縁社会は肯定的に位置づけられ、一九九〇年代以降では、孤独死や無縁死を生む否定的な現象として描かれたのである。

こうして見ると、私化、心理化、再帰的個人化を含めた個人化や、それに対応する社会の消失論は、グローバル化やネオリベラリズムの進行する一九九〇年代あたりを境にして、肯定的な語りから否定的な語りへと変わっていった。この点については、心理化の現代的展開を扱った次章（第2章）や戦後日本の個人化を扱った第4章でもあらためて取り上げよう。

注

（1）市野川（2013：5-6）は、「社会的なもの」とネオリベラリズムとが結びついたドイツ社会の事例を指摘しているが、多くの場合は、「社会的なもの」とネオリベラリズムは対立すると考えられてきた。また、その他「社会的なもの」については、市野川・宇城編（2013）を参照のこと。

（2）バーガーの議論は、シュッツの多元的現実論を基礎としている。シュッツは、日常的な生活世界に対して、夢、宗教、科学的世界などの「その他の現実」を区別して、それぞれは固有な「認知様式」の下で経験されると考えた。そのとき、日常的な生活世界と「その他の現実」を区別するのは、行為における身体や事物の抵抗である。日常的な生活世界においては、自らの身体を動かす場合においても、また他者との関係を築く場合においても、自己や他者の身体や物理的なものの抵抗が伴う。それに対して、「その他の現実」においては、夢に典型的に見られるように、自己の身体の移動や他者との関係の構築は、原則的に自己や他者の身体の抵抗を伴うことはない。そのことを、シュッツは認知様式の違いと考え、その様式の違いから、社会的な世界を区分した（Schutz 1962：230-232=1983：39-41）。そして、この認知様式から社会的世界を区分するという発想を、バーガーは私化現象の説明にも求めようとしたのである。

（3）ローズの議論を理解するために、「統治性（Governmentality）」や「自己のテクノロジー」などの概念を簡潔に押さえておこう。これらの概念は、いずれもフーコーに由来する。統治性とは、物事をなすある方法を正しいと認め、ある振る舞い方に資格を与え、そうすることで自己を権力様式に組み込む作用を意味している。そして、統治性は、自己のテクノロジーによって達成される。自己のテクノロジーとは、知、人、道具、場などのさまざまな集まりを意味している（Rose 1998：26）。ここでは、心理学が自己のテクノロジーの典型であることについてふれておこう。つまり、心理学は、自己とは何か、さまざまな心のトラブルの原因は何か、また、それへの対処法とは何かなどを示す知の体系だが、心理学的な知が影響力をもつのはそれだけの働きだけでは説明されない。まず心理学的な知は、研究者や教師、セラピスト、精神科医などの専門家の実践、また、大学などの研究室や教室、学校や病院でのセラピー室や診察室などの場、あるいは、心理学的な知を一般の人たちに広めるマスメディアを代表とするメディアの働きなどの、さまざまな集まりによってはじめて大きな影響力をもつことができる。その点で、心理学は、単なる知の体系ではなく、自己のテクノロジーなのである。そうした自己のテクノロジーとしての心理学は、人々に「物事をなすある方法を正しいと認めさせ、ある振る舞い方に資格を与える」ことで、権力的な作用をもたらす。つまり、自己のテクノロジーとしての心理学は、統治性の作用をもつのである。

（4）共同体による管理のケースとして、その他に、ショッピング・モールがあげられる。ショッピング・モールでは、企業が防犯施設などの環境を整え、そこでの雰囲気を「乱す」他者を排除するからである（Rose 1996：336）。

（5）対抗や解放の場としての共同体から、統治の単位としての共同体への変化の図式は、次に見る私化論における共同体の位置づけからも推論されるし、そもそも、個人化、私化、心理化をキーワードとして現代社会を分析する際の基本的な視点とも通底している。

（6）心理化論に関してはここではロースのものを主に取り上げたが、デ・ヴォスも心理化をキーワードとして研究をしている代表的な社会学者である。デ・ヴォスは、社会学的な視点から心理化を後期近代の問題として体系的に論じているが、ここでの論点と必ずしも符合しなかったのでとくに言及しなかった（cf. De Vos 2012, 2013）。また、必ずしも心理化論ではないが、エーレンバーグは、心理・精神的な病という点から現代社会のあり方を分析している（cf. Ehrenberg 2010）。

第2章　心理化の現代的展開

1　現代的な心理化の諸側面

心理化は一般的にはグローバル化以降のきわめて現代的な自己や社会のあり方を示す現象と考えられてきた。本章では心理化の現代的動向の全体像を整理し提示しよう。第1節では、現代的な心理化を三つの側面をもつものとして概観し、第2節では、それらの傾向を時代的な変化の点からあらためて考える。そこでの分析の対象は、アメリカを中心とする欧米社会での心理化をめぐる言説であり、日本についてはあらためて第4章で検討しよう。

心理化への三つの視点とは、心理化を統治性や抑圧など管理的な働きをもつものと見る見方、本当の自己の言説、換言すれば「自己実現の心理化」と結びつける見方、そして、心理化を人間関係にお

表2-1　現代的な心理化の諸側面

Ⅰ 管理的な心理化	
	統治性としての心理化・抑圧的なセラピー文化
Ⅱ 自己実現の心理化	
	(1)スピリチュアリティの心理化＝対抗文化の集合的探求・ニューエイジ現象
	(2)セラピー的語彙による自己実現＝自助グループの活動・セラピー文化の拡散
	(3)自己肯定観の神話化＝自己肯定観の神話化・EQ
Ⅲ 人間関係の感情意識化	

出所：筆者作成。

ける感情的な意識の高まりとして見る見方である。ただし、第三の見方、つまり、人間関係における感情意識化の高まりとして心理化を見る見方については、第5章であらためて検討する。以上のような現代における心理化の全体的な見取り図を理解しやすくするために表2-1を作成した。

(1) 管理的な心理化

前章でも見たように、心理化を統治性の観点から論じているのはローズであり、したがってまずはじめにローズの統治性論にあらためて注目し、その次に、心理化を社会の抑圧的な働きと見たイギリスの社会学者ヒューレディのセラピー文化論を考察しよう。ここでの「管理的な心理化」における管理（management）とは、統治性と抑圧の双方のニュアンスを含む上位の概念として用いている。

統治性としての心理化

統治性としての心理化とは、基本的にはさまざまな問題を社会の問題としてではなく心や精神の語彙に帰属する傾向を意味しており、それは社会的な問題を隠蔽し統治的な作用をもつものと考えられている。そのような心理化論の典型は、フーコーの統治性や自己のテクノロジーの概念を心理化論に適用したローズの議論に見ることができる（第1章注（3）参照）。統治性とは、戦略やプログラムに基づく他者への作用を意味している。そして、この統治性が有効に働くために自己のテクノロジーが付随する。自己のテクノロジーとは、知や（相互行為の場面における）言説、装置、人、場などの複合体である（Rose 1998：26f.）。たとえば、セラピーは、問題をトラウマや鬱などの心や精神の語彙に位置づけることでその問題を個人的なレベルで解釈し対処する一つの自己のテクノロジーだが、それは心理学や精神医学の知の体系に基づくだけでなく、それを専門家が、診療室などの場でクライエントとの相互的な場面で応用し実践する限りで自己のテクノロジーとして機能するのである。そして、その実践をとおしてクライエントは、自己の抱える問題を心や精神にかかわる語彙によって解釈し、対処する。このように、心や精神の語彙の適用は、個人的な営みではなく、自己のテクノロジーの中で行われる。

この自己のテクノロジーの概念は、フーコーに依拠している。フーコーの自己のテクノロジー論の優れた点は、自己が単なる知や言説によって構築されるのではなく、知や言説を支える専門家を含めた人、セラピーや試験などの知を伝える装置、また診療室や教室の場などの複合的な働きによって構築されることを指摘した点にある。そして、ローズの統治性論が強調することは、心や精神という内的と見なされる領域の専門家による統治にある。たとえば経済的な労働条件や職場での階層的な関係、学校でのさまざまな教育格差によってもたらされる問題を、自己肯定観の欠如や鬱などの心や精神の問題に帰属させるには、セラピストや精神科医という専門家の働きが不可欠である。セラピーは、クライエントが自主的に自己の問題を解釈し対処することを手助けするという形をとりながら、心や精神という個人の内面に介入し、管理していることになる（Rose 1990：ch. 4=2016, Rose 1998：17f.）。

抑圧的なセラピー文化

一方、ヒューレディは、また異なる視点からセラピーの管理的な抑圧作用を論じている。ヒューレディによれば、現代社会は「セラピー文化」によって特徴づけられる時代であり、あらゆる領域にセラピー的な思考が拡散している時代である。セラピー文化は、はじめは第二次世界大戦やベトナム戦争において精神的なダメージを受けた兵士へのセラピーによる対処に始まり、アルコール依存やアダルト・チルドレンなどの嗜癖、あるいはドメスティック・ヴァイオレンス（DV）などの個人や家族における問題への対処などに拡大している。さらに、クリントン元大統領が自らアダルト・チルドレンであることを公表することでかえって人気を博したように、セラピー文化は公的な政治の領域にも拡大してきたのである（Furedi 2004）。

こうしたセラピー文化の拡散は、産業化により地域共同体が希薄化し、「集合的なシステムの影響力」が衰退する中で、個人化や断片化が進行する現象と対応している（Furedi 2004：142）。そして、この現象は再帰的個人化にも対応する。しかし、ギデンズやベックの再帰的個人化論が、第一の近代が残した共同体が解体し個人化が深化しつつも、個人化の純化によって自律的に構築されるネットワーク的な社会を想定したのとは違って（片桐 2011：ch. 6 参照）、ヒューレディは、むしろそこにネガティブな側面を読み取ろうとした。つまり、そのセラピー文化論は、近代的個人化論であれ、再帰的な個人化論であれ、個人化論が前提とした近代の自律的な個人が幻想化し、人間が自力では問題を解決できず、セラピーに依存する無力な存在になった社会を描いたのである。

その視点は、バーガーの描いた私化論とも対照的である。バーガーは、マイホーム主義やミーイズム論とは異なり、私的領域に既成の秩序を相対化し、対抗的な社会を構築する基盤となりうる可能性を見ようとした。しかし、そうした楽観主義もセラピー文化論には見いだせない。私的領域は既成の秩序を相対化する解放的な空間とは見なされず、むしろ、嗜癖やドメスティック・ヴァイオレンスなどに苦しむ人々にとって抑圧的な空間でしかない。そして、自らがそれを解決しそこから脱するという自律的な人間像はもはやなく、解決はセラピストなどの専門家に依存している。こうした無力で受動的な人間像や社会像がセラピー文化に内在する（Furedi 2004：98-104）。

ローズは、統治性論の中で、心理化においてさまざまな問題を社会の語彙ではなく心や精神の語彙に帰属させることが、問題を社会的に位置づける想像力の欠如を意味することを指摘し、ヒューレディは、セラピー文化論において、現代社会における私的領域が抑圧の場に転化し、また人間が問題を自律的に解決できる存在ではなく、セラピストなどの専門家に依存する無力な存在であることを指摘した。ヒューレディは、ローズのような統治性という言葉を用いていないが、セラピーが、社会的な矛盾を隠蔽したり、あるいは自律的な解決を妨げたりする作用をもつと考えた点では、両者は共通している。そして、何より両者に共通するのは、心や精神あるいは私的領域は、それ自体が解放的な根拠にはなりえないことの指摘である。

（2）自己実現の心理化

統治性や抑圧的なセラピー文化という管理的な観点から心理化を見る見方に対して、自己実現という観点から心理化現象を見てみよう。自己実現の心理化のあり方をここでは三つの面から考察する。その三つとは、スピリチュアリティの心理化、セラピー的な語彙による自己実現、そして、自己肯定観の神話化である。自己実現の心理化も、本当の自己が心にあり、それを探すことが自分探しに当たる、などとして自己の解釈やアイデンティティの探求の方向を示唆することで、人々の行動を特定の方向に導くという点では、統治性の働きをもっている。しかし、ここでは管理的な統治性とは区別して、自己実現の心理化の独自なあり方に注目しよう。

スピリチュアリティの心理化――対抗文化の集合的探求とニューエイジ現象

心理化を人間を解放する現象として描く代表的なものは、心理化をスピリチュアリティの観点から位置づける見方だろう。[1] スピリチュアリティを求める運動の出発点は、心や精神の解放を謳うものだった。その具体的な運動は、禅やヨガなどの神秘的な宗教、麻薬、トランスパーソナル心理学などを契機として、世俗的な自己を超えた「本来的な」自己や精神を探求するものであり、一九六〇年代におけるアメリカの対抗文化の流れと密接に結びつくものであった。アメリカの社会学者のクラップは、対抗文化の集合的探求のあり方を、政治的な行動主義、対抗的なライフスタイルの探求、宗教的なカルトの形成、そして現代的な十字軍という四つの集合行動に求めている（Klapp 1969）。その中でもスピリチュアリティの探求に深くかかわるものは、ヒッピーのコミューンにおける対抗的なライフスタイルの探求や宗教的なカルトの形成である。後者は既成の宗教的組織に代替する神秘的な宗教のカルトを形成することで自己を探求する集合行動である。これらの集合行動は、経済的な条件を勝ち取る既成の集合行動としての社会運動とは異なり、アイデンティティの獲得やスピリチュアリティの心理化の探求をその目標の第一に置くものであった。その限りで、一九六〇年代の集合行動は、心理化する社会の一側面を示している。

対抗文化に見られるスピリチュアリティの心理化と似たものにニューエイジ現象がある。その起源は、同じように、一九六〇年代のアメリカの対抗文化期に求められる。それは、対抗文化におけるヒッピーの運動や神秘的な宗教と同じように、近代的な合理性や大きな物語に象徴される西洋的な進歩史観を再考しようとした。ニューエイジ現象の定義は多様だが、ここでは、対抗文化の集合的探求と区別するために、二つのことを指摘しておこう。第一に、ニューエイジ現象には、エコロジー、癒し、瞑想、気功、超能力など多彩な現象が含まれている。こうした事例に見られるように、ニューエイジ現象は、対抗文化的な意味合いを保持しつつも、より拡散している。それが指摘すべき第一の点である。そして、第二の点は、ニューエイジ現象が、組織を欠いた一つの文化現象だという点である。

対抗文化の集合的探求は、文字どおり、ヒッピーのコミューンや神秘的な宗教におけるカルトに見られるように集合的であったが、ニューエイジ現象は基本的に個人的な営みである。そして、それがニューエイジ現象を文化やライフスタイルの現象と見る根拠となる。その特徴は、次に見るセラピー文化の普及とも共通する。

セラピー的な語彙による自己実現——自助グループの活動とセラピー文化の拡散

自己実現の心理化の第二の特徴は、自己実現をセラピー的な語彙によって企てる運動や現象である。その事例として自助グループの活動とセラピー文化の拡散を取り上げよう。

対抗文化に見られるスピリチュアリティへの視点は、一九六〇年代にとどまることなくその後の時代のセラピー文化を支えている。アルコール依存（嗜癖）からの回復を目指すＡＡ（Alcoholics Anonymous）などに代表される自助グループの活動とは、「弱い自己」を肯定的に位置づけ、その解放を求める運動であると、小池靖は指摘する（小池 2007：ch. 4）。「弱い自己」に対するのは「強い自己」であり、強い自己とは、近代社会が理想としてきた自律的な自己である。つまり、強い自己は、近代社会の原則としての効率的で競争的な原理を受け入れ、それに基づいて自己を形成していく自己であり、弱い自己とは、そうした強い自己としての属性を否定し、近代社会の原則に乗ることのできない自分を認め、それを肯定的に位置づける自己である。この視点に立てば、トラウマや嗜癖を抱えるものとして自己を描くことは、社会的な想像力を欠くものとして自己を描くことでも、また管理的な心理化の犠牲者として自己を描くことでもない。なぜなら、トラウマや嗜癖を受け入れ、それを率直に物語ることこそ、自己の解放に結びつくと考えられるからである（小池 2007：142, 148f.）。

アメリカでの「嗜癖する社会」を描いたシェフは、自助グループは、むしろ一九九〇年代以降に多発すると指摘している。シェフは、嗜癖とは、男性中心の合理的、競争的な「白人男性システム」という嗜癖システムの抑圧性がもたらすものとし、それに対応できずに、自己のコントロールを失うことが嗜癖をもたらすと考える。つまり、嗜癖する自己は強い自己である白人男性システムに対して、それの抑圧性に対抗できない弱い自己と位置づけられている。そして、嗜癖に苦しむ弱い自己からの解放の手段は、自助グループの活動をとおして、あるがままの健全な自分を再発見することに求められるのである（Schaef 1987：99=1993：146）。

一方で、セラピー的な語彙による自己実現のもう一つの事例は、セラピー文化の拡散である。自助グループの活動は、セラピー的な語彙によって弱いけれどもありのままという自己を求める運動だが、それはあくまで集団の存在やそれへの参加を前提とした。それに対して、セラピー文化の拡散とは、必ずしもそのような集団による自己実現に限られることなく、セラピー的な語彙によって自己実現を図ろうとする現象である。したがって、その探求はニューエイジ現象と同じように個人的な営みとなる。ただ、ニューエイジ現象と異なるのは、自己実現の枠組みがあくまでセラピー的な語彙に依拠しているという点である。セラピー的な語彙としては、トラウマ、多重人格、アダルト・チルドレンなどが典型としてあげられる。多重人格は、親による子ども期の虐待などのトラウマ経験によって人格が乖離すると考えられている点で、そして、アダルト・チルドレンも、やはり子ども期にアルコール依存者である親によって与えられた虐待などのトラウマ経験に原因があるとされる点で、共にトラウマがキーワードとなっている。こうした、トラウマ、多重人格、アダルト・チルドレンなどの語彙は、主にはマスメディアなどをとおして拡散し、それらの語彙を自分の経験に当てはめることが、自己の解釈やアイデンティティの探求のための枠組みとなる。したがって、セラピー文化の拡散における自己実現の探求は、自助グループの活動のように集団的ではなく個人的な営みだということになる(2)。

自己肯定観の神話化

スピリチュアリティの心理化や、セラピー的な語彙による自己実現という二つの見方に対して、次に、第三の自己実現の心理化の事例として「自己肯定観の神話化」という現象を取り上げよう。

自己肯定観とは、self-esteem の訳だが、それは自尊、自己価値などとも訳されている。自己肯定観が人々の生き方の原則として広まる傾向を、アメリカの社会学者のヒューイットは「自己肯定観の神話」化と呼んだ。自己肯定観は以下のような特徴をもつ（Hewitt 1998：101-103）。第一に、自己肯定観は、心や感性（feeling）などの内的な状態であって、それがもてるかどうかは、あくまで個人の責任とされること。第二に、自己肯定観は、それをもつこと自体が意味あるものと考えられていること。自己肯定観をもつことは何かの目的を実現する手段ではなく、それ自体が目的だとヒューイットは指摘する。第三に、自己肯定観の獲得は、自己そのものを大きく変えること。自己肯定観をもつことは、幸福感や達成感を高めることであり、その結果人生の成功が導き出されるとしても、それはあくまで結果であり、幸福感や達成感をもつことが目的とされるのである。そして、第四に、自己肯定観の核になるのはあくまで自己自身の感性であり、他者への評価や他者からの評価に依存するものではないこと。

自己肯定観は、あくまで心や感性の問題であり、それは個人の責任で獲得され、その獲得は何かの目的を実現する手段ではなく、自己肯定観の獲得そのものが目的とされる。このように、自己肯定観は、人生での幸福感や達成感が、あくまで心や感性などの自己の内部の問題とされ、その獲得が人生を変えるという点で、心理化の考え方の一つの典型を示している。

自己肯定観の神話化と同じように、自己の内的な属性が、労働や日常生活全般での成功と大きくかかわるとしたものにＥＱ（Emotional Intelligence Quotient）、あるいはＥＩ（Emotional Intelligence）という考え方がある。ＥＱ論の基本的考えはこうである。まず、ＥＱとは、自らの感情をコントロールし、他者と共感、強調しうる能力を意味している。そして、倫理や価値観などの社会的枠組みが解体し、衝動的、利己的な態度が支配的とされる現代社会において、対人関係における共感能力や感情表出能力を高める手段としてＥＱが重要となる（Goleman 1995=1998）。感情などの「本来的とされる」心のあり方そのものにパーソナルな充足や望ましい人間関係実現のための手段を探るという構図は、ローズの指摘したヒューマン・リレーション論の構図に似ている。なぜなら、ヒューマン・リレーション論においても、労働の分業化や地域共同体の希薄化のもたらす人間の孤立への処方箋として、労働でのパーソナルな充足やインフォーマル集団の探求が位置づけられていたからである（cf. Rose 1990）。そして、労働でのパーソナルな充足や他者との共感能力を求めることが、労働現場の問題に限られず、日常生活全般における処方箋としても位置づけられていることに注意を払う必要があるだろう。

このように、ＥＱ論は感情表出を肯定的に描き、本来的な良い感情表出がパーソナルな充足をもたらすとした点において、労働を心や精神の問題として描くだけではなく、心や精神の表出を自己充足的なものと描こうとした。こうしたＥＱ論も、自己実現の心理化の傾向の一つと位置づけることができる。

2　現代的な心理化の時代的な変遷

ここまで現代社会における心理化の側面を概観してきた。次に、これらの傾向が時代的にどう変化してきたかを検討しよう。なぜなら、個人化全般の見方や評価がそうであるように、心理化をめぐる見方や評価も時代によって異なっているからである。ここでは、今まで概観してきたような現代的な心理化の傾向を三つの時期に整理する。第一の時期が、一九六〇年代～一九七〇年代、第二の時期が一九七〇年代～一九八〇年代、そして、第三の時期が一九九〇年代以降である。そして、第一の時期を「解放の語り」の時代、第二の時期を「自己実現の語り」の時代、第三の時期を「パーソナルな問題の語り」の時代と名づけよう。ここでの試みは、管理的な心理化と自己実現の心理化という心理化の特徴の点からの区分と、先の三つの時代区分をクロスさせることであり、そのことをとおして時代の区分や変化をとらえることにある。但し、断っておくべきことは、この時代区分はあくまで一つの基準だということである。それぞれの語りはそれぞれの時代に固有であるとしても、その時代だけに見られるとは限らない。自己実現の語りは一九七〇年代から一九八〇年代にかけての時代に特徴的だとしても、それは解放の語りを引き継ぎつつも、一九九〇年代以降の時代にも引き継がれているし、一九九〇年代以降に典型的なパーソナルな問題の語りも、ヒューマン・リレーション論による労働の統治性、心理テストや発達心理学による学校や家庭の統治性に見られるように、より時代を遡って位置づけることができるからである。

(1)　解放の語り——一九六〇年代〜一九七〇年代

心理化の傾向は、管理的な心理化、自己実現の心理化、そして人間関係の感情意識化としての心理化の三つにあった。そして、自己実現の心理化の一つをスピリチュアリティを求める傾向、つまり、対抗文化の集合的探求とニューエイジ現象を含めたスピリチュアリティの心理化に求めた。ここでは、その中でも、対抗文化のもつ社会運動としての側面に焦点を当てよう。その運動は、すでに指摘したように一九六〇年代に典型的に見いだされる。

クラップは、対抗文化を集合的に探求する集合行動を、政治的行動主義、対抗的なライフスタイルの探求、宗教的なカルトの形成、そして、現代的な十字軍の四つに分類した。ここで注目したい点は、「社会運動も心理化した」という点である。クラップの集合行動の分類では、より組織だった社会運動に当たるのが、政治的行動主義と現代的な十字軍である。政治的行動主義はニューレフト運動に、そして、現代的な十字軍はエスニック・マイノリティの解放運動に、その代表的な例を求めることができる。スピリチュアリティの集合的な探求を考える上で重要な点は、心理化は、決して社会的な関心の喪失を意味するだけではなく、社会の解放の語りも伴っていたという点である。社会運動の観点から言い直せば、社会運動も、貧困や差別、あるいは階級的な語りによって意味づけられるのではなく、アイデンティティの探求やエスニシティの本来性の解放として語られるようになったのである。そうした傾向を「社会運動の心理化」と呼ぼう。そのような社会運動の変化は、たとえば、ギデンズの「解放のポリティクス」から「生のポリティクス」への変化という指摘にあるように、現代社会の社会運動の変化の指摘とも対応する。しかし、心理化は一般的には、自己への内閉化を意味するものと考えられてきたのであり、そうした考えに基づけば、社会運動は心理化と反するものと位置づけられるだろう。それに対して、指摘したい点は、社会運動も一九六〇年代という時代において心理化したという点である。この点に関して、アメリカ文化をセラピーの視点から探求しているモスコヴィッチは次のように言っている。「主観性を強調することで、これら（公民権やニューレフト＝筆者注）の運動は、セラピー的な救済の精神を内包するものであった」と（Moskovitz 2001：209）。こう考えると、心理化は、単に社会問題を心や精神に還元する非社会的な傾向を意味するのではなく、社会を形成する手がかりになるものと考えられる。

心理化は一九六〇年代には、スピリチュアリティの探求やアイデンティティの政治など、解放をキーワードとして語られた。解放の語りは一方で、一九七〇年代の私化論においても見ることができる。私化現象は、先に見た対抗文化における解放の語りとも区別されるし、また、心理化とは異なる現象として一般には位置づけられるだろう。しかし、私化現象は解放の語彙によって語られたと見ることもできる(3)。

前章でも見たように、私化現象はミーイズムや私生活主義という側面をもちつつも、他方で、それらと一線を画して解放の語りを含んでいた。つまり、アイデンティティの探求の場としての私的領域は、家族や友人関係に象徴される親密な関係だが、そのとき親密な関係とは、制度的な近代家族や異性愛に基づくセクシュアリティの関係にとどまるものではなかった。制度的枠組みを超えた家族や同性同士のカップルも当然そこに含まれていたからである。一九七〇年代に展開されたバーガーのイメージする私化現象は、一九六〇年代の対抗文化を背景としている。その意味で、私化現象は解放を一つのキーワードとすることによって語られたのである。

ここまで一九六〇年代から一九七〇年代に至る心理化を解放の語りとして特徴づけてきた。それは、対抗文化の動きを背景としていた。しかし、一九七〇年代から一九八〇年代に至る心理化の傾向は、一九六〇年代から一九七〇年代にかけて見られた政治的な傾向が薄まり、より自己言及的になっていく。

（2）自己実現の語り——一九七〇年代～一九八〇年代

一九六〇年代は政治的な季節であり、心理化もアイデンティティを求めるポリティクスに見られるように、政治的な色合いをもっていた。それをわれわれは、社会運動の心理化と呼んだ。一方で、一九七〇年代～一九八〇年代は、バーガーの私化論にも見られたように、時代のキーワードは、政治的な社会から消費社会に移行する。そのなかで、心理化のあり方も変化する。一九七〇年代～一九八〇年代のセラピー文化の特徴を「自己の表出」と名づけたモスコヴィッチは、この時代の特徴を次のように言っている。「アメリカ人は、その真の自己を発見し、障害を取り除こうとした。自己の覚醒（self-awareness）が、新しい宗教となった。……この新しい宗教の下で、覚醒を妨げるあらゆる制度、社会的慣習、行動が攻撃され、自己実現や感情的な誠実さを促進するあらゆるものが奨励された。感情は、国民的な関心事となったのである」（Moskovitz 2001：218）と。こうした自己実現や自己覚醒の探求は、脱政治化した一九七〇年代～一九八〇年代の消費社会化したアメリカ社会を背景とするが、一方で、自己への関心は脱政治化しつつも、自己の解放の語りによって特徴づけられた一九六〇年代の精神を受け継ぐものだとも指摘する（Moskovitz 2001：219）。言い換えれば、心理化の語りのあり方は、それぞれの時代に応じて変化する。

そして、モスコヴィッチは、こうした一九七〇年代～一九八〇年代の心理化の語りの代表として、セルフヘルプ本や感情表出のためのマニュアル、セラピーのための自助グループなどの流行をあげている。前節で見た自己実現の心理化の事例で言えば、セルフヘルプ本は自己肯定観の神話化を謳う出版物に、感情表出のマニュアルはEQに、そしてセラピーのための自助グループはそのままトラウマや嗜癖からの回復を求める自助グループに対応する。

さらに、これら一九七〇年代から一九八〇年代にかけての自己実現の語りに加えるべき心理化のもう一つの傾向は、セラピー文化の拡散である。それはセラピーをとおしたエンパワーメントの獲得に見ることができるし、多重人格の語彙をはやらせた、一九八一年のダニエル・キースの本『二四人のビリー・ミリガン』(Keyes 1981=2015) の出版に見ることができる。多重人格を含め、トラウマや嗜癖などのセラピー的用語は、この時代に、マスメディアをとおして拡散していくのである。

以上のように、一九七〇年代の自己実現の語りには、(自助グループの活動とセラピー文化の拡散を含めた) セラピー的な語彙による自己実現と、(EQを含めた) 自己肯定観の神話化が対応する。しかし一方で、自己実現の語りは、一九七〇年代〜一九八〇年代のみでなく、次の時代にも引き継がれる。EQ (あるいはEI) の発想は、一九七〇年代から一九八〇年代に、心理学者のガードナーやペインらによって提出され、それがゴールマンの著書の出版 (Goleman 1995=1998) によって一般化した。アメリカにおける自己肯定観の神話化を指摘したヒューイットも、一九九〇年代の自己肯定観の神話化は、その前の時代の自己肯定観の傾向を引き継ぐものと位置づけている (Hewitt 1998)。そして、クリントン元大統領が、自らをアダルト・チルドレンだと公表したのが一九九五年であったことを考えれば、セラピー的な語彙の拡散の傾向も一九九〇年代以降に続いている。そう考えると、自己肯定観やEQ、自助グループ、セラピー的な語彙の拡散などに見られる自己実現の語りは、次のパーソナルな問題の語りとも時代を共有している。両者の違いは、その語りの内容の違いにあるのはもちろんだが、前者がその土台を一九七〇年代～一九八〇年代に置いているという点にある。

モスコヴィッチは、制度や慣習が「本当の自己」やその感情表出を妨げるものであり、それらを廃して自己を覚醒することがアメリカ人の新たな宗教となったと指摘した。さらに考えるべき点は、そうした傾向が、セラピー文化に限定されず、一九七〇年代～一九八〇年代当時のアメリカ社会全般の社会心理を覆っていたという点である。なぜなら、制度や慣習と本当の自己をめぐる二分法は、ラルフ・ターナーの言う「制度的リアルセルフ」と「衝動的リアルセルフ」をめぐる議論にも対応するからである（Turner 1976）。制度的リアルセルフは、制度的な要素、つまりは善悪という倫理的な基準や自己への社会的な統制を自己形成において重要な要素と考え、それらの制度的な基準に達しない自己を偽善的なものと考える自己である。したがって、本当の自己は規律化や努力によって獲得されるものであり、それゆえに将来において実現される。一方、衝動的リアルセルフは、制度的な要素としての倫理的基準や社会的な統制を、本当の自己の発露を妨げるものと見なし、その結果、現在の自然でありのままの感情表出に依拠すると考えられる自己である。そして、前者から後者への移行が進行する。リアルセルフ論が一九七〇年代に出されたものであることを見ると、モスコヴィッチが指摘したような一九七〇年代～一九八〇年代のセラピー文化の自己表出化の傾向と明らかに対をなしていたことが理解される。

（3）パーソナルな問題の語り――一九九〇年代以降

一九六〇年代〜一九七〇年代の解放の語り、一九七〇年代〜一九八〇年代の自己実現の語りを見てきた。それらは、トーンは異なるにしても、心理化する自己や社会を肯定的に描こうとした点では共通していた。一方で、一九九〇年代以降に登場するのがパーソナルな問題の語りである。

抑圧的なセラピー文化

一九九〇年代以降の心理化を見る視点は、心理化を管理的な観点から見る見方に探ることができる。その観点に通底する心理化の傾向を、パーソナルな問題の語りと名づけよう。この時代に心理化は解放をもたらすものではなく、抑圧や統治性をもたらすものとして語られるようになる。時代は大きく舵を切る。これは、心理化という現象をめぐる大きな社会変動を示すと言えるだろう。

パーソナルな問題の語りとは何かについて、抑圧的なセラピー文化論を展開したモスコヴィッチの議論から先に見ていこう。そこでは、一九九〇年代の心理化の時代において、アイデンティティやパーソナリティの問題が嗜癖や障害（disorder）の観点から見られるようになったことが指摘されている（Moskowitz 2001 : ch. 8）。それ以前では、アイデンティティの探求には肯定的な意味が付与されていたが、一九九〇年以降の時代では、それは嗜癖や障害という否定的な意味で語られるようになったのである。典型は、アメリカの精神医学会が編集するＤＳＭ（精神障害の診断と統計のマニュアル）の中でのアイデンティティやパーソナリティの問題の記述に求めることができる。確かに、ＤＳＭの四版

（一九九四年出版）では、ナルシズム、他者への依存などの傾向がパーソナリティ障害として位置づけられ、また、子ども期や青年期の発達上の問題が、ＡＤＨＤ（注意欠如・多動性障害）や摂食障害などの精神的な障害として位置づけられている。

ナルシズムは一九七〇年代には、ラッシュやセネットらによってその時代の自己や社会のあり方を説明するキーワードとして盛んに議論された。それは、確かに一面では、社会性を欠いた不完全なパーソナリティとして語られたが、他面では、消費社会を背景とする豊かな時代を享受する人間としても語られた。しかし、ＤＳＭでは、自己愛は、誇大な感覚や成功や愛などの空想にとらわれ、その結果、自分を特別な人間と見なし、他者から過剰な賞賛を求める、パーソナリティ上の障害と見なされる（APA 2000=2002）。問題は、パーソナリティやアイデンティティの問題が嗜癖や障害としてＤＳＭという専門家の世界で位置づけられるようになったことにとどまらず、そのような位置づけが人々の間でも一般化されていったことである。あるいは、人々の間で、そうした傾向が一般化していったことが、ＤＳＭなどの専門的な定義に影響したとも言えるだろう。モスコヴィッチは、アイデンティティやパーソナリティの問題を嗜癖や障害として位置づけるその例を、テレビに代表されるマスメディアでのセラピー文化の普及に求めている。このとき、嗜癖とは、アルコールへの依存に限らず、お金、愛などの感情、過食や拒食、セックスなど、日常生活のあらゆる行動に及んでいる。このような嗜癖の事例は、物質的嗜癖、行動のプロセスへの嗜癖、関係への嗜癖など多面的に嗜癖をとらえたシェフの視点とも重なっている（Schaef 1987=1993）。一人の嗜癖の論を含めて言えることは、お金を稼いだり貯めたりすること、人を愛したり人とセックスをしたりすることなど、日常生活のごく普通の行動が、嗜癖という障害のイメージを伴う心理的な語彙によって、換言すればパーソナルな問題として解釈され、対処されるという点である(4)。

ここでは、一九九〇年代以降に見られる心理化の語りの典型を嗜癖や障害の否定的な語りに求めた。しかし、前節で見たように、それ以前の時代での嗜癖や障害の語りは、反面で弱い自己の自覚に基づく本当の自己の解放や、またそのための集団的な運動という側面をもっていた。つまり、セラピーに代表される心理化の言説には、一方で心理化を抑圧的なものとして描く見方と、一方で対抗文化論、あるいはセラピー運動を対抗文化的な要素をもつものと位置づける議論のように、心や精神の解放として描く見方とがあった。心理化をめぐる語りはこのように時代によって異なっている。しかし、両者は一見対立しているように思われるが、視点をメタレベルに取るならば、心理化を抑圧的なものとして位置づけようが、解放、あるいは自己実現として位置づけようが、両者が社会や自己の問題を心や精神の語彙によって解釈し対処しようとする立場に立っている点で変わりはない。

統治性としての心理化

ローズは、現代の心理化の進行がグローバル化やネオリベラリズムの進行と密接に結びついていることを指摘し、心理化が、労働をパーソナルな充足や心的な問題に変えたこと、労働をめぐる言説が社会的、経済的な語彙から、心や精神の語彙に代わったことを指摘した（Rose 1998：158)。従来なら、労働の問題は階級対立や労働条件などの社会的、経済的な問題の中で位置づけられたのに対して、心理化する社会では、そうした問題の矛盾には言及されず、もっぱら心や精神の問題として労働問題が語られるようになったことを、それは意味している。そこでは、一人ひとりが自己の問題を心や精神の問題として自発的に処理していかなくてはならない。そうした傾向が統治性であった。

労働をめぐる心理化は現代社会の顕著な現象だが、その端緒は一九三〇年代のヒューマン・リレーション論やさらに遡って心理学や近代社会の成立に求められる。しかし、ローズによれば、現代社会では、その背景を支えるネオリベラリズムが労働の心理化をより顕著なものとする。ネオリベラリズムがもたらした変化の一つが個人の「企業的主体（enterprising subject）」化である（Rose & Miller 2008 : 194f.）。その傾向は、労働での自己責任にとどまらず、保険の個人化に見られるように、日常生活のあらゆる問題が自己責任によって処理される傾向を意味している。それは、同時に、福祉的な政策を採る国民国家の否定という意味での社会の消失を背景としていた。

このように、現代社会の心理化を、ローズは統治性という観点から位置づけた。そして、ローズは、その傾向が心理化から「ソーマ化」へといっそう深まっていると指摘している（Rose 2007=2014）。ソーマ（soma）とは、身体、とくにその組織の構成要素を意味している。その特徴は、ＤＮＡやゲノムの解析、あるいはｆＭＲＩによる脳の画像診断に見られるように、近年の分子生物学などの発展や脳科学の発展によってより明らかになってきた。その結果、それらの知見が自己や社会のあり方に大きな影響をもたらすようになる。そのことがソーマ化という現象を意味している。心理化は、パーソナリティや鬱などの心や精神の語彙にさまざまな問題を帰属させる傾向だが、ソーマ化は、心ではなく分子生物学的な属性や脳の属性をめぐる人々の解釈が新たに自己や社会を構築する傾向を指している。たとえば、ゲノムの解析は、将来発生しうる病気の可能性を顕在化させたが、そのことはそのリスクにどう対応するかという新たな問題を生み出すことになる。また、ADHDの診断に見られるように、従来落ち着かない子ども、あるいは人間として家族や学校、職場などで問題とされてきたものが、脳の構造の「障害」に問題が帰属されることで、問題の帰属が脳へと移行する。これらの例に見られるように、ソーマ化は、分子生物学的な属性や脳科学の知見に問題を帰属させる傾向を意味する。その傾向は、心理化よりもさらに人間の営み（agency）から遠ざかると言えるだろう。なぜなら、心や精神はパーソナリティや鬱などのように、まだ人間の解釈の問題と見なされる側面を保っているが、ソーマ化において明らかにされた属性は、脳や分子生物学的な構造のように、素人には働きかけることができない対象である。その意味で、ソーマ化はポスト・ヒューマンな傾向を意味している（cf. Elliott 2016）。[5]

第1節では現代的な心理化のあり方を分類し、第2節では、それが時代的にどう移行してきたかを検討した。現代的な心理化の傾向は、一九六〇年代～一九七〇年代の解放の語りから、一九七〇年代～一九八〇年代の自己実現の語りへ、そして、一九九〇年代以降のパーソナルな問題の語りへと変化してきたのである。また、本章で扱わなかった第三番目の心理化の特徴としての人間関係の感情意識化をめぐる言説は、第5章で示すように、一九九〇年代以降に顕著となる。こうした心理化の時代的な変化は、広く、近代的個人化、私化、再帰的個人化を含めた個人化の時代的な変化の一側面を示すものでもある。以上のように、現代的な心理化の動向を示すことが本章の主な課題だが、次節では、認知社会学の立場から心理化を問うとはどのようなことかをあらためて考えよう。

3　認知社会学の視点から見た心理化

(1)　心理化とソーマ化

認知社会学は、自己がさまざまなカテゴリーの語彙によって構築されるものと考えた。その語彙には、教師や学生、上司や部下、親と子などの役割の語彙、ジェンダーやエスニシティをめぐる語彙、おたくや新人類などのそれぞれの時代に典型的な人間像を表す語彙があった。さらにその語彙には、自己に言及的な語彙も含まれていた。つまり、心、精神、内面、「本当の自己」、あるいは、自己を示す私や僕などの一人称の代名詞も自己言及的な語彙であった。そして、心や精神、内面などは、自己の内部にある属性ではなく、内部にあると考えられる属性も、それらに言及する語彙によって構築されると考えるのが認知社会学の自己への基本的な見方であった。

ローズは、近年、分子レベルでの研究が進むにつれてエスニシティへの構築主義的な見方がどう変わるかを論じている。構築主義の立場では、人種の分類は、イデオロギーに依存すると考えるのが主流である。たとえば、白人、有色人種という分類は一九世紀に一般化したものであり、その分類には、西洋諸国がアジアやアフリカで多くの植民地を作った帝国主義のイデオロギーが背景にあるのだ、と言うように。つまり、白人は、アジア系やアフリカ系の有色人種よりも優秀であるがゆえに、アジアやアフリカ諸国を植民地にするのは正当なことであるというイデオロギーが、人種の分類には内在している。しかし、今日、分子レベルでの人種の研究が進むにつれて、人種の遺伝子上の構造が明らかにされ、それに基づいて特定の人種に固有な病気の存在が明らかにされるようになった。それに伴って、人種の分類は、イデオロギーによって構築されるのではなく、遺伝子という生物の属性によって決まるのだという、生物的な決定論が再び主張されている。第二次世界大戦前の優生学による人種の生物的な還元論がナチスによるユダヤ人の差別や排斥を生んだことへの反省から、生物的な属性に還元して人種を考えることが影を潜めてきたのに対して、分子レベルでの研究の進展は再び人種の生物的な還元論を復元させたのである。しかし、ローズは、分子レベルでの遺伝子の構造が特定の人種に対応すると言えるだろうか、という問いを投げかける。確かに、今日の分子レベルでの人種の研究は深化しているとしても、両者の因果的な関連を示すものとしては不十分なものでしかない。問題は、人種の分類が遺伝子レベルの構造に還元できるかのようにして人種が分類され、それに基づいて人種への対応がなされていくことにある。このとき、DNAやゲノムなどは、ソーマ的な属性そのものとしてではなく、それらに言及する語彙として、個人や人種などの社会の問題を構築していくのである（Rose 2007：167-168＝2014：313-314）。

ソーマ化は、人種の問題に限らず、個人がかかる病気などを含めて、遺伝子などの分子レベルの属性に還元する傾向を指している。そして、ソーマ化は、病気の社会的な背景や人種の分類のイデオロギー的な背景、つまりは、社会的文脈を排除して、個人の病気や人種を考える傾向をもたらすことになる（Rose 2007：109–110=2014：210–211）。こうしたソーマ化の傾向は、心理化よりもさらに個人化、あるいは個人のさらなる細分化を推し進めるものだと言えよう。先述したように、ソーマ的な属性は、パーソナリティや動機、鬱やトラウマなど心や精神の属性以上に意志や解釈の及ぶものではなく、一方的に人間の行動や考えを規定するものと考えられるからである。

（2）語彙としての心

あらためて認知社会学の視点から言えば、心理化とは、個人的、社会的現象の原因が心理的、精神的な「本質的属性」によって引き起こされるのではなく、それらの属性は個人や社会の現象を解釈する語彙であって、人々がそれらの語彙によってさまざまな現象を解釈した所産としてである。

先に、心理化の傾向として、ラルフ・ターナーのリアルセルフ論やヒューイットの自己肯定観の神話化について言及した。

ターナーは、本当の自己への見方が、制度的リアルセルフから衝動的リアルセルフへと移行したことを指摘した（Turner 1976）。衝動的リアルセルフとは、ありのままの自己、内的な感性に忠実な自己であり、制度的リアルセルフとは、社会的な倫理観に忠実で、ありのままの自己を否定し克服する自己であった。こうした二つの自己像から見ると、制度的リアルセルフはありのままの本当の自己を抑圧し、衝動的リアルセルフのみが本当の自己を獲得できるかのような印象を受ける。しかし、ターナーが言おうとしたことはそういうことではない。つまり、制度的リアルセルフであっても衝動的リアルセルフであっても、双方とも本当の自己の語りなのであって、その語り方が異なるだけである。制度的リアルセルフでは、倫理、訓練、努力などの語彙によって自己を位置づけ、語ることによって本当の自己のイメージが獲得されるのであり、一方、衝動的リアルセルフでは、ありのままの自己や感性など、自己に言及的な語彙によって自己を位置づけ、語ることで本当の自己のイメージが獲得される。そこでは、ありのままの自己や感性は心理的な属性と考えられているのではなく、あくまで自己を構築する語彙なのである。

一方、自己肯定観についても同じことが言える。先に見たように、自己肯定観は、心の状態であり、自己の感性の問題とされ、その獲得はあくまで個人の問題とされた。そして、獲得された自己肯定観が個人の幸福感や達成感を高めるものと考えられた。こうした自己肯定観の考えは、本当の自己の語りと同じように、自己の内部にある本来的な自己の獲得や発見に個人的、社会的な問題の解決を求めるものである。この点に関してヒューイットは次のように指摘する。「自己肯定観の神話化は、問題を社会的な世界ではなく、むしろ個人に帰属させることで、社会的現実を解釈し、正当化しようとする。自己肯定観を高めることで人生のチャンスを得ることができるという信念が、ある意味で、個人の力を賛美する教義になっているようだ」と（Hewett 1998：22）。

このように説明された自己肯定観は、自己の内部にある「本当の自己」や「真の自己」なのだろうか。ヒューイットの自己肯定観の見方も、ターナーの本当の自己論と同じく、自己肯定観は自己に言及する一つの語彙だとする立場に立っている。つまり、自己肯定観をもつことが望ましい心の状態であり、その獲得が幸福感や達成感を高めるということは「事実」ではなく一つの見方であり、したがって、「自己肯定観」は自己を構築する一つの語彙なのだと考えられている（Hewitt 1998 : 130f.）。

リアルセルフ論や自己肯定観の議論に見られたように、本当の自己や自己肯定観は心の属性ではなく、自己を構築する語彙だとする視点は認知社会学の視点と共通する。そして、このことは、本当の自己や自己肯定観に限られず、本章で扱った心理化の現象一般に妥当する(6)。

ヒューレディは、一九八〇年代以降の社会の変化を、「イデオロギーから心理学へ」の変化と名づけた（Furedi 2004 : 90）。それは、共同体をめぐる伝統や集合的記憶が希薄化し、生きる意味やアイデンティティの探求が個人化、私化してきた結果だという。その主張する点は、イデオロギーに代わってセラピー文化が人々に共通の世界観をもたらすようになった点である。つまり、共依存、嗜癖、ストレスなどのセラピー文化の代表的な語彙が、個人や社会のさまざまな現象を解釈し、またそれに基づく対処の指針を与えるようになったのである。その背景に、グローバル化の進行やネオリベラリズムを見る点では、ヒューレディのセラピー文化論はローズの統治性論と共通している。

認知社会学の視点から心理化を見るとき重要な点は、心や精神は客観的な属性として人々の解釈や行動を規定すると考えるのではなく、心や精神をめぐる語彙が、イデオロギーや大きな物語に代わって、個人的、社会的な現象を解釈し対処する基準となったと考える点である。換言すれば、セラピー文化や本当の自己言説を含めた、幅広い心理的、精神的な語彙が、世界観として人々の考えや行動に意味を与え、それが社会を形成していくようになったのである。そのような社会が、心理化する社会に他ならない。その点では、心理化についての解放の語りも、自己実現の語りも、そしてパーソナルな問題の語りも共通している。

注

（1）スピリチュアリティの心理化は、かつて宗教が人々の心の問題を解決する機能を果たしてきたのに対して、心理学、あるいは心理学的な語彙がそれに代わったことを意味している。そのような意味でスピリチュアリティの心理化を定義すれば、セラピー的な語彙が自己実現のための語彙を提供しているという事態や自己肯定観が神話化するという事態も、広くスピリチュアリティの心理化の現象に含めることができる。しかし、ここでは、スピリチュアリティの心理化を、対抗文化の集合的探求とニューエイジ現象を指すものとして用いている。なぜなら、「スピリチュアリティ」に対抗文化的な色調を残しておきたいからである。なお、宗教とスピリチュアリティの論点整理については、第5章第3節で、日本での議論をふまえてあらためて考察する。

（2）ギデンズも、一連の自己論や現代社会論においてセラピー文化の拡散について論じている。その詳細についてはここではふれないが、ギデンズは、セラピー文化の拡散が一面で自己の再帰性を高めるものと見ているので、セラピー文化の拡散を自己実現の観点からも位置づけていると言えるだろう（cf. Giddens 1991=2005, 1992=1995）。

（3）第1章で見たように、バーガーによれば、私化現象とは、第一に、公的領域が家族などの私的領域と分離し、一部のエリートを除いた多くの人々にとって、自己の存在証明としてのアイデンティティの根拠ではなくなり、結果として、その根拠が私的領域に移行する現象を意味していた。そのことは、アイデンティティの探求が、社会的な枠組みの下で行われるのではなく、その根拠が親しい他者や自己そのものに求められること、さらにはその際、愛情などの感情的な要素や心などの心理的な要素が重視されることを意味している。バーガーは、このようなアイデンティティの探求が、セラピーの専門家や無意識などの心理学や精神分析の語彙によって行われることを同時に指摘している（Berger 1965：35f.）。

（4）　シェフは、嗜癖を、物質的な嗜癖、行動のプロセスへの嗜癖、関係への嗜癖という三つに分類した。その分類に従えば、アルコールや麻薬への依存は物質的な嗜癖に、摂食障害は行動のプロセスへの嗜癖に、そして、多くのパーソナリティ障害は関係への嗜癖に対応する（Shaef 1987=1993）。

また、パーソナルな問題の語りは、テレビでのトークショーなどマスメディアにおいて普及する。モスコヴィッチは、クリントン元大統領が、自らがアダルト・チルドレンであったことをマスメディアをとおしてカミングアウトした事例や、テレビでのパーソナルな問題の語りが、人々の気晴らしやアイデンティティの探求の手がかりとなることを指摘している（Moskovitz 2001：269, 277-278）。

（5）　生物的、生命的な語りが、自己や社会を意味づけるものとして影響力をもつようになってきたことは、分子生物学や脳科学の近年の発展によるものとは限らない。たとえば、高齢化社会、健康、少子化、エコロジーなどが社会を語るキーワードとなっていることを見ればわかりやすい。このように、ソーマ化を含めた生物や生命の語りは、今日の自己や社会のあり方を問うときに重要性を増している。

（6）　本当の自己や自己肯定観、セラピーや心理学の語彙が自己を構築する語彙であるという見方が認知社会学の視点であるが、すでに見たターナーのリアルセルフ論やヒューイットの自己肯定観の神話論に加えて、心理化論やセラピー文化論には同様の見方を示すものが多い。本論で扱ったヒューレディ以外に、『セラピー国家』を書いたアメリカの社会学者ノランは、セラピーの語彙が、正当化を付与する新たな世界観になっていると指摘しているし（Nolan 1998：301）、日本でのセラピー文化論を展開している小池は、心理学が世界観を付与するものだと指摘している（小池 2007：3）。

第3章　心理化の歴史過程
――心理化の起源を求めて

前章では心理化の現代的動向を検討した。一般に、心理化は一九九〇年代以降のグローバル化した社会の現象と見なされているが、それが一九六〇年代～一九七〇年代の解放の語りにまで遡ることを指摘した。しかし、実は心理化は、一九世紀末の心理学の成立時、さらには、近代社会の成立時に遡る現象であることを本章で指摘しよう。そのことは、心理化とは何かを考える上で重要な視点であり、自己と社会とは何かを考える上でも重要な示唆を与えるからである。

1　内面の発見と構築――心理化の歴史過程（1）

心理化の歴史的な起源をあらためて問うために、三人の議論を参照しよう。第1節では、心という内部の発見や構築に注目した二人を取り上げる。その二人とは、心理学者のダンジガーと社会学者のエリアスである。第2節では、心理化を内部の発見と同時に新たな社会の想像としてとらえたテイラーの自己論や社会論を取り上げよう。

（1）心理学と心理化――ダンジガーの心理学史

心理化は、一般的にはきわめて現代的な現象のように思われている。しかし、心理化が、自己やその状況を心や精神の語彙＝「心的なもの」に帰属させて解釈し対処する現象である限り、その現象は心理学や精神医学の成立と関連するのではないだろうか。なぜなら、それらの科学は、心や精神の語彙、つまりは「心的なもの」についての語彙によって人間や社会を説明する科学だからである。このことを直截に指摘している心理学者にダンジガーがいる（cf. Smith, 2013 : ch. 4）。

ダンジガーは、「心的なもの」によって人間や社会を説明する見方の成立は、人間が自分自身を支配しうるという意識の成立、つまりは「主体（agency）」としての意識の成立に由来するとして、そうした新たな自己像の端緒をロックの自己の同一性（identity）論に求めている（Danziger 1997 : 45-46=2005 : 上巻84-85）。ロックが、自己の同一性とは何かを、王侯と靴職人が、相互に（身体が）入れ替わったときに、どちらが本当の王侯であり、靴職人であるかという設定の下で問いかけ、その答えを意識の同一性に求めたことは知られている。それを論じた『人間知性論』の出版は一六九〇年である。ダンジガーは、ロックの自己の同一性論の社会的な背景を次のように指摘する（Danziger 1997 : 47f.=2005 : 上巻87f.）。つまり、ロックの生きたイギリス社会において、市民革命や産業化、商業化が進展する中で、階級、職業、家柄といった生まれながらの社会的な属性、あるいは、神学に基づいた世界観が、自己とは何かを規定する要因としては希薄化し、自己とは何かが自明ではなくなったことが、その背景であると。自己の自明性を支えてきた、生得的な社会的属性が希薄化することで、自己の自明性が揺らぎ、自己とは何かの根拠が自己意識に求められるという事態は、社会学的な用語で言えば、自己の再帰性の増大と言い換えられるように、今日的な自己のあり方とも連続している(1)。

あらためて言えば、市民革命、産業化や商業化の進展する中で、自己の同一性を支えてきた従来の基盤が不安定化し、自己の同一性の根拠が自己意識、つまり「自分とは何者か」という意識以外には求められなくなる。そのことは、自己の主観化を意味している。ダンジガーは、こうした自己の主観化が、自己を起点として世界を見る視点を生み出したと指摘し、次のように言う。「今や自己は主観のなかに置かれた原点となっており、それぞれの個人は、その原点から世界を経験したり世界に働きかけたりする。そして、世界の方は、そうした経験の補給源や、個人の行為のための素材の供給源にすぎないものになった」と（Danziger 1997：48=2005：上巻88-89）。

ここから、自己（あるいは個人）と社会、内部（あるいは心）と外部という二項対立的な思考図式が成立する。一九世紀における近代科学としての心理学の成立の背景は、もちろんロックの発見した自己の同一性意識の登場だけによっては説明されるものではない（渡辺・村田・高橋編 2002 参照）。もう一つ加えなくてはならないことは、「心的なもの」が物理的な現象と同じように「客観的な」観察の対象になりうるという「実証的な」科学の系譜である（Danziger 1997：48-49=2005：上巻90-91, cf. Reed

1997=2000）。しかし、ここで注目したい点は、あくまで前者の点、つまり、自己は行動や意識の原点でありその外側に世界があるという見方、さらにはそこから帰結する、自己と社会、内部と外部、あるいは心と社会を二分する見方である。

ダンジガーは「心理学という学問の主題は、心理学的な語彙によって人間生活を経験する文化的な傾向のなかで作られた」と指摘する（Danziger 1997：16=2005：上巻30-31）。ここで言う心理学的な語彙とは、自己、意識、情動（emotion）、動機づけなどの語彙である。自己や情動などは、世界を経験し働きかける原点であり、それに対して世界は外部にあるものとして、内部としての自己や情動に働きかける対象であることになる。心理学は心理学的な語彙によって人間や世界を説明する科学であるが、その視点は、心理学を成立させる一般の人々の自己経験のあり方の成立を背景としている。

しかし、このダンジガーの心理学の規定を理解する上で重要な点は、自己や情動などの属性は、「物理現象」と同じように「客観的に」観察される属性ではなく、心理学的な語彙だという点である。自己、意識、情動、動機づけなどの語彙以外にも、パーソナリティ、態度、学習などの心理学的な語彙が、ある特定の社会や時代的な背景の中で作られた。指摘しておくべき点は、それらの心理学的な語彙によって解釈される対象は、「物理現象のような客観的な属性」ではなく、語彙によって発見され解釈される構築物だという点である。そのことは、ダンジガーの本のタイトル『心を名づけること――いかに心理学はその言語を発見したか』（Danziger 1997=2005）を見れば明らかだろう。つまり、自己や情動などは、解釈から自由な「客観的な」属性なのではなく、自己や世界を解釈する語彙であって、一般的な人々はそれらの語彙によって自己や世界を解釈している。また、科学としての心理学も、そうした一般的な人々の解釈の傾向を背景としつつ、説明する手続きの科学性の点では異なるとしても、心理学的な語彙によって自己や世界を解釈しているという点では、何ら変わることはない。

注目しておきたいことは、自己や情動などの属性を、自己や情動という心理学的な語彙によって解釈する傾向が、近代社会において一般の人々の間で生み出され、そして、その傾向が一九世紀におて科学として成立した心理学を支えてきたという点である。もちろん、科学としての心理学的な語彙に基づく心理化と近代の成立期に遡る心理化を全く同じものと見ることはできない。そうした留保をふまえた上で、心理化という現象をあらためて位置づけるならば、心理化は、心や精神を表す語彙に帰属させて自己やその状況を解釈する現象である限り、心理的な語彙によって人間生活を経験する一般の人たちの傾向と対応している。また、その起源は、近代的な心理学を生み出した時代、あるいはさらに近代社会の成立時まで遡ると言える。(2)

(2) 普通の人たちの心理化——エリアスの文明化論

心理化は、現代社会に固有な現象ではなく、心理学や近代社会の成立が心理化と重なることを、ダンジガーの心理学史の議論をとおして検討してきた。ダンジガーは、心理学的な語彙が、日常的な人々の自己や世界の解釈を形作ってきたことに注目したが、その議論は、主には、心理学的知という専門的な知の発展やその社会的な影響を問うものであった。次に見るエリアスの議論は、そもそも内面や心などの語彙が日常的な人々の間で生まれ、それがどう共有されていったかを問題とした。つまり、日常的な人々が内面や心などの語彙を用いて自己の経験を意味づけるようになったのはどうしてかを「文明化の過程」の問題として論じている。次に、心理化が文明化の過程にはじまったことをエリアスの議論をとおして見ていこう。

エリアスも、自己が内面にあり、社会がその外側にあるという自己や社会についての見方は西洋の近代社会が生み出した、と指摘している。そして、内部と外部、あるいは個人と社会という二分法的な見方が、内部を見る科学としての心理学、外部を見る科学としての社会学という、心理学と社会学の分業をもたらしたこと、あるいは、そうした二分法が、個人と社会に関する従来の社会学的なものの見方を「歪めてきた」と指摘する（Elias 1939：Vorwort=1977）。しかし、ここで注目したいのは、その二分法が、一般の人々の日常的な知において、どのように形成されてきたかに関するエリアスの見方である。

結論から先に言えば、人間は内面をもち、その外側に内面と対立しそれを規制する社会がある、という自己や社会についての見方をもつようになったのは、文明化の過程と個人化の過程の所産である。この二つの過程は別々のものではなく、文明化の過程は同時に個人化の過程でもあるという意味で重複している。

『文明化の過程』（Elias 1939=1977）において、エリアスが分析の対象としたのは、一六世紀前後の礼儀作法に関する本である。食事、排泄、睡眠、性生活、服装など、さまざまな場面での礼儀作法が、近代を迎えるこの時代に大きく変動したことに注目する。たとえば、食事に関しては、ナイフやフォーク、料理がもられる食器の使い方、食事中での痰の処理や鼻のかみ方など、細かな礼儀作法が一般の人々にまで広まること、排泄や睡眠、性行為が、トイレや寝室などの私的な空間に閉じ込められていくことなどが礼儀作法の事例である。逆に言えば、近代以前の社会では、食器や料理は共有され、ナイフやフォークは使い回され、痰や鼻のついた手で食器や料理に触ることは厳しく禁じられることはなく、排泄や睡眠、性行為も、人前で羞恥心を必ずしも抱くことなく行われていたのである。情動や欲望が比較的規制の少ない状況下でおおらかに表現されていた社会から、細かく規制される社会へと移行することが、文明化の過程を意味している。そして、われわれの議論にとって重要なことは、こうした文明化の過程が、人間には内部があるという感覚を生み出したという指摘である。つまり、情動や欲望の厳しい規律化は、強制を強いる外部としての社会と、それに抑圧される内部という二分法を生み出す。規制されることによって、逆にそれに対抗する内部という感覚が生み出されたのである（Elias 1939=1977：Vorwort, zwei Teil=1977）。

一方、文明化の過程は同時に個人化の過程でもある。エリアスの言う個人化とは、文明化の過程における規範への構えを指すものである。つまり、文明化の過程における規範は、外部としての社会から付与されたものではあっても、一人ひとりの個人がそれを妥当なものとして内面化することによって守られるものであり、それは、暴力や経済的な制裁などによって強制される規範とは異なっている。それが、個人化の意味するものである（Elias 1991：168–169=2000：140–141）。

規範の強化は礼儀作法のケースで分析されたが、近代社会は工場、学校、刑務所、病院など、それ以前の社会にはない規律だった組織を生み出し、情動や欲望の表出の規範を強化する一方で、それを発露させる場として私的領域を作り出した。つまり、公的領域と私的領域、強制される外部と強制から自由な「内部としての自己」という自己や社会についての感覚を生み出したのである。それが、エリアスの言う文明化の過程であり個人化の過程である。そして、そうした過程をエリアスは「心理化（Psychologisierung）」とも呼んでいる（Elias 1991：176=2000：147，奥村 2001：59,164 参照）。

ダンジガーとエリアスの議論をとおして、心理化が必ずしも現代的な現象ではなく、内面を発見して、それとの対比で外部としての社会を発見し、そうした二分法で自己や社会を枠づけ対処していくという、近代化に伴って成立した根本的な自己観や社会観に根ざすものであることを見てきた。心理学的な知の成立が近代社会の成立を背景としていると考える点で、二人の見方は共通している。そう考えると、心理化とは、自己や社会とは何かを考えるきわめて重要な現象であると言えるだろう[3]。

次の論点に移る前に、二人の議論を認知社会学の視点からあらためて位置づけ直す作業をしておこう。

（3）内面の構築――認知社会学から見たダンジガーとエリアスの心理化論

序章で示したように、認知社会学の視点は、自己とは何かを考えることに深くかかわっている。つまり、認知社会学の視点から言えば、自己は名前づけられること＝カテゴリー化されることによって構築される。カテゴリーの語彙には、役割の語彙、ジェンダーやセクシャリティの語彙、エスニシティやナショナリティの語彙、世代や年齢を基準とする語彙、特定の時代に典型的に語られる人間類型の語彙などがあった。それらの語彙に加えて、自己に言及するさまざまな語彙も、自己を構築する重要な契機となる。自己に言及するさまざまな語彙とは、心、自己、内面、動機などの心理（学）的、精神的な語彙のことであった。

こうした認知社会学の自己論は、ダンジガーの議論に対応している。なぜならダンジガーは、心は物理現象のように観察されるものではなく、心を指す語彙によって構築されると考えているからである。人格（character）からパーソナリティへの名前づけの移行について考えよう（Danziger 1997：127-128=2005：下巻32-34）。人格概念は、徳のある人物という道徳的な意味を含み、そうであるがゆえに科学的に探求する対象とはなりにくいものと解される。一方で、パーソナリティ概念は、道徳的な意味合いを脱色して、個々人の違いを指し示すものであり、また、それは科学的な方法で計測されるものと考えられる。人格という概念では、自己は共同体の道徳などの社会的な枠組みのなかに位置づけられるのに対して、パーソナリティはそうした背景をもたない、心の属性を表すものと言えるだろう。人格からパーソナリティ概念へのこうした移行は、一九二〇年代から一九三〇年代にかけて進行する。ここで注目すべき点は、人格という語彙で自己を定義する場合と、パーソナリティという語彙で自己を定義する場合の違いである。同じように、性格や個性を表す語彙であっても、どのように名前づけるかによって、自己の定義は大きく異なっている。つまり、認知社会学の視点から言えば、自己は自己に言及する語彙によって構築されるのである(4)。

一方、エリアスは、人間は内部としての心をもち、それに対して、それを拘束するものとしての外部があるという感覚、つまり、内部と外部、個人と社会という二分法的な見方が文明化の過程で広まったことを指摘した。ダンジガーが、心理化の過程を心理学という専門知との関連で問うたのに対して、エリアスは、一般的な人々の日常的な知の変化をとおして、心理化の過程を問題にした。しかし、エリアスは、こうした二分法が個人と社会の関係を歪めてとらえる要因になると言っている（Elias 1991：168f.=2000：140f.）。つまり、本来、個人と社会の関係は、個人が内部に対応して、社会が外部に対応するという関係ではなく、相互が折り合わさった関係にあるのに、そうしたとらえ方を歪めるというわけである。具体的には、ウェーバーやパーソンズの社会学理論がそのような誤謬に陥っているという。なぜなら、ウェーバーは、行為者の意味づけ＝動機づけを議論の出発点として、その意味づけ＝動機づけが対象にどのように向かうかという方法論的個人主義の視点に立っていたし（cf. Weber［1913］1956=1978）、パーソンズにおいては、パーソナリティ・システムと社会システムという概念で、個人と社会を二分法的にとらえていたからである。しかし、社会学の個人や社会の議論は、エリアスの言うほど単純なものではない。たとえば、認知社会学が一つの理論的な出発点としたミードの役割取得論は、個人と社会の単純な二分法的見方を克服するものである。先に見たように、役割取得とは、他者の立場に立つことで他者の行動を予期し、そのことによって相互行為を生み出すものであった。ミードの卓見は、他者にとっての自己が何かがわかること（＝他者の立場に立って自己を見ること）が自己意識をもたらし、また、このことが同時に「相互行為を成立させる」（＝「社会を成立させる」）と考えていた点にある。したがって、認知社会学も、個々人のカテゴリー的な認知に基づく動的な相互行為を社会と考えることによって、内面と外面、個人と社会という二分法を否定するものである。

しかし、ここで問題とすることは、こうした二分法が自己や社会の認識として妥当かどうかではなく、実際の人々がそうした二分法的な枠組みによって自己や社会をとらえてきたという事態である。つまり、パーソナリティ、動機、内面など、心や精神を指し示す語彙によって自己とは何かを解釈し、それに対抗するものとして外部としての社会を位置づける、そうした日常的な知に注目することが重要である。そして、認知社会学は、日常的な知のレベルで、自己や社会がどのように構築されるかに注目する視点を取るものでもある。

2　チャールズ・テイラーの近代——心理化の歴史過程（2）

心理化が社会の消失を伴うことについては、第1章で考察した。本節では、心理化が近代社会の成立時にまで遡る現象だという見方をふまえて、心理化と社会の消失の関係について再考しよう。そのために、近代社会に遡る心理化が新たな社会の想像を伴うものであったことをテイラーの議論に基づいて考察する。ダンジガーとエリアスは、心という内部の発見、あるいはその構築性という観点から心理化の起源を描こうとした。社会の消失は、彼らの指摘した、内と外、個人と社会などの二分法的な考え方と深く結びついている。一方、テイラーは、内部の発見や構築が同時に新たな社会の想像を伴うものであることを指摘している。

（1）テイラーの近代的な自己の起源論――「内と外の発見」

今日のグローバル化やネオリベラリズムの下で、心理化は社会の消失という言説と並行して論じられてきた。しかし、心理化の土台としての内と外、個人と社会という二分法的発想は、不可避的に社会の消失をもたらすのだろうか。それを考える出発点として取り上げたいのは、テイラーの近代的な自己や社会をめぐる議論である。われわれは、ダンジガーやエリアスの議論をとおして、心理化は心理学の成立時あるいはさらに近代社会の成立時にその起源があることを指摘した。それに対して、テイラーが自己の起源をどのようなものとしてとらえ、さらに、それが社会の消失とどう結びつくと考えていたかを見ていこう。

ダンジガーは、心理学的な思考の起源はロックにまで遡ると指摘したが、テイラーは、自己を内面的なものとし、それに対峙するものとして社会や対象を置く思考の起源をより詳しく論じている。そして、そうした自己観の起源をテイラーも、ロックに典型的に示された理性的な自己観に求めている。

ロック的な自己観は、「点的自己（punctual self）」と呼ばれている。テイラーによれば、本来自己は、国家や地域共同体や家族などを含む共同体の物語の中に位置づけられるものであり、そうであるがゆえに、他者との対話の中に位置づけるものである。その見方は、共同体主義者であるテイラーの基本的な自己への立ち位置でもある。それに対して、点的自己とは、共同体の物語や対話を欠いた「点」、つまり歴史的な「線」を欠いた「点」としての自己である。点的自己は、同時に「距離を置いた自己」という特徴をもつ。距離を置いた自己とは、理性的に対象を把握する能力をもった自己を指している。この対象には自己自身も含まれる。自己を含めた対象を理性的に把握し、それに基づいて理性的に判断、行動する主体が自己であり、そこから、自己責任などの近代的な規範概念が発生する。

点的自己は理性的な主体であるがゆえに、伝統的な習慣や権威から自由な主体でもある。ロックの自己観における「白紙の自己（タブララサ）」という見方は有名である。自己が白紙であるとは、自己は生まれたときには伝統的な習慣や権威に染められていることはなく、それらから自由であり独立していることを意味している。習慣や権威は事後的に習得されていくもの、つまり「社会化」の過程で習得されていくものと考えられる。こうした社会化の考えは今日の心理学や社会学にも大きな影響を及ぼした。しかし、自己を伝統的な習慣や権威から自由なものとした点で、ロックの自己観は肯定的に評価されるとしても、あらかじめ理性的に判断し行動する自己を前提とする自己観は、そうした自己の獲得自体が社会的な過程であることを見ることができない。共同体主義者の自己観は、自己が共同体の物語を背景として生まれること、あるいは共同体の物語に埋め込まれていることを強調し、「負荷のない自己」を前提とするリベラリズムの自己観を批判する。このリベラリズム的な「負荷のない自己」がロックの点的自己に対応する（Taylor 1989 : 49f.=2010 : 58f.）。

この点的自己観の成立は、「日常生活の肯定」と密接に結びつく。日常生活とは、生産の場としての労働や再生産の場としての家庭での生活を意味している。アーレントによる公私の位置づけに典型的に見られるように、古典古代では、労働の場や家庭は私的領域であり、それらは公的領域としての政治的なアゴラに対して劣ったものと位置づけられた。それに対して、近代社会では、新たなブルジョア階級の成立の中で、生産の発展と、それに伴って私的領域としての家庭での生活が豊かになるにつれ、日常生活への賞賛の土壌が作られたのである（Taylor 1989：ch. 13=2010）(5)。

あらためて注目すべき点は、テイラーの指摘する近代的な自己に見られる、自己が内部にあり、それに対して外部としての対象があるという二分法である。それは、「内と外の発見」とも表現される（Taylor 1989：112=2010：131）。社会学においては、「自己と社会」という表現の中にはこうした二分法的な思考が内在しているし、心的な属性が内部にあるという考えが心理学の基礎ともなった（Taylor 1989：190=2010：221）。この点では、「内と外の発見」というテイラーの示す自己や社会についての見方は、ダンジガーやエリアスの見方と異ならない。つまり、心理化の起源を近代社会の成立時に求めるという点では、三人の見方は共通している。

（2）想像される近代的社会

近代的な自己は理性的な点的自己であり、近代以降、自己が内的なものと考えられるようになった。そして、こうした自己＝内的なものという発想が、フラワー世代やセラピー文化に代表される現代の表現的な傾向に及んでいると、テーラーは指摘する（Taylor 1989：373=2010：416）。それは、第2章で展望したような現代的な心理化に対応している。こう考えると、心理化は近代社会の成立と共に進行した歴史的に幅の広い現象と言える。心理化は、自己やその状況を心理的、精神的な属性に還元して解釈し対処することであり、それは反面として社会的な問題としての帰属の希薄化を意味していた。しかし、テイラーの指摘する近代的な自己は、確かに、自己を内的なものとして、その内的な自己を評価する傾向にあったが、決して社会的な側面から分断されたものではない。なぜなら、西洋の近代は社会を新たに想像したからである。その、新たに想像された社会の根拠は、経済的な市場、公共圏の成立、民主的な自治の三つに求められる（Taylor 2004 : ch. 5, 6=2011）。新たに想像される社会とは何かを問うために、次に、そのことを見ていこう。

経済的な市場とは、従来の身分的、階層的な秩序とは違って、相互の経済的な互恵的交換によって生み出されるネットワークであり、同時に国民国家に対抗する市民社会を意味している。こうした経済的な市場に基づく社会の想像は、先に指摘した、理性的な点的自己の背景としての日常生活の肯定と密接に結びつく。なぜなら、日常生活の肯定は、経済的な活動による豊かさを肯定するものだからである。

第二の根拠は、公共圏の成立にある。公共圏とは、メディアをとおして人々が出会う共同空間を意味している。その成立は、印刷技術が飛躍的に向上し、本、新聞、雑誌などが多く出版されることで、それらを読む読者が成立することを土台としている。読者がコーヒー・ハウスやサロンで直接に意見を交わし、あるいは、直接に出会わなくても、出版物を講読することで共通の意見が生み出される。

それらの動きは、世論を形成する。こうした公共圏の成立は、ハーバーマスが、『公共性の構造転換』において分析したことで有名だが、テイラーも、公共圏が新たな社会を想像させるものだと考えた。

そして、近代が生み出した新たに想像された社会の第三の根拠は、民主的な自治にあった。これは、国民国家がそれぞれの構成員による参加によって作られる（べき）という社会観を背景にしている。国民国家は、選挙によって選ばれた議会によって運営され、その選挙の主体は人民（people）である。こうした考えは、換言すれば人民主権のことであり、それが民主的な自治の根拠となる。民主的な自治による新たな社会の想像は、身分的、階層的な旧来の社会のイメージと大きく異なることは言うまでもない。

このように、近代社会は一方で理性的な点的自己を生み、他方で、経済的な市場、公共圏の成立、民主的な自治に基づく新たな社会を想像した。テイラーは、近代における新たに想像された社会を基盤として、新たな自己像が生まれたことに注目する。その成立は、自己がさまざまな媒介的関係から自由になることを背景としている。このとき、媒介的関係とは、従来の伝統的な身分や階層的関係を意味している。それらの媒介的関係から自由となり、一人の個人として自己を見なすようになること、あるいは個人としてカテゴリー化することが、近代に生まれた新たな自己のあり方である。究極的には、自己は、身分や階層に基づく個別的な媒介的関係を超えて、人間や人類の共同体のような普遍的な社会に帰属するのである（cf. Taylor 2004 : ch. 10=2011）。

理性的な点的自己は、このように、内向的な自己ではなく、また、個別的な媒介的関係に位置づけられるのではなく、人間や人類の共同体に象徴されるような普遍的な枠組みの中に自らを位置づける自己でもある。こうした普遍的な枠組みに基づく社会が点的自己から構成される「負荷なき社会」であるとし、それが人々のアイデンティティの根拠としては脆弱なものであるという、テイラーらの共同体主義者からの批判を受け入れるにしても、点的自己は、決して社会を奪われた自己ではなかったことに注目する必要がある。そして、近代的な自己とは、個別な媒介的関係から自由となり、より普遍的な枠組みの中に自らを位置づける自己だという発想は、テイラーに限らず、社会学の分野では序章でもふれたようにデュルケムやジンメルらに共通する。こうした普遍的自己を基盤とした個人化をわれわれは近代的個人化と呼んだ(6)。

理性的な点的自己という近代的な自己は、確かに内と外、自己と社会という二分法を生み出し、自己を内的なもの、社会と対立するものとする発想を生み出したが、それは同時に新たな社会の想像をその裏面に孕んでいた。心理化と近代的個人化は共通の基盤をもっている。心理化された自己も、個別的な背景をそぎ落とされた「科学的で客観的な」心に還元される自己であるがゆえに、点的で距離を置いた自己である。しかし一方で、そうした点的自己が人間や人類という普遍的枠組みに基づく社会の想像を可能とすることを、テイラーは指摘したのである。また、心理化の思想的な起源が近代的な自己観に遡るとしても、近代的な自己と現代的な心理化された自己とは区別されなくてはならない。テイラーは、近代的な自己が「主観主義の坂を滑り落ちる」ことによって現代の表現的自己が形成されたと言っている（Taylor 1991：ch. 6=2004）。もちろん、テイラーの近代的な自己像は一つの理想像であり、実際にそのような像がどこまで現実的なものであったかは検討を要する課題である。また、認知社会学の視点から言えば、近代的な自己像が現実的なものであったかどうかという問いは、それがどこまで自己を構築する語彙として人々の間で有効性をもっていたかという問いに言い換えられる。そうした留保をふまえた上でも、近代的な自己と現代的な心理化された自己とを区別することは、心理化された自己とは何かを考える上で重要である。換言すれば、内と外、自己と社会という二分法的な自己観は、それぞれの時代の中で現れる姿が異なるのである(7)。

3　心理化と社会の消失の多元性

テイラーは、近代的な自己の成立が、内と外、自己と社会という二分法を生み出し、両者を対抗的なものとする思考を生み出したとしたが、決してそれが社会的な想像力を奪ったとは考えなかった。では、心理化が社会の消失をもたらしたという議論は、テイラーの考えた近代社会の想像力が奪われた現代社会の傾向を背景としていると考えた方がいいだろうか。第2章と本章（第3章）において、現在に至る心理化の長期的な歴史過程を展望したところで、第1章でも検討した「個人化と社会の消失」という課題を、その過程が単一的で単線的なものか、あるいは複線的で多元的なものかという観点から再考しよう。

（1）歴史的な多元性――心理化と社会の消失との拮抗

心理化と社会の消失との関連が多元的であることを考える一つのポイントは、両者の関連が歴史的に単線的に変化してきたかどうかであり、もう一つのポイントは、両者の関連が、地域の差異を超えて単一的で普遍的な特徴をもつかどうかである。

前者から考えよう。心理化は、グローバル化やネオリベラリズムの時代の現代的な現象にとどまるのでなく、心理学という科学の成立、あるいは「心理的な語彙によって、人間生活を経験する」ようになった社会の成立に遡るものだった。

心理化の深化が社会の消失を伴うものとすれば、心理化が近代以降進展してきたがゆえに、社会の消失も近代以降によりいっそう進展してきたことになる。一九世紀末頃までの近代初期＝第一の近代においては、村落的、親族的な共同体が希薄になっても、国民国家や階級、近代家族などのゲマインシャフトは、人々の自己の同一性を支える枠組みとして強固に残存していた。それに対して、第二の近代としての現代社会では、国民国家や階級、近代家族などの第一の近代が残したゲマインシャフトが解体し、自己の再帰的な構築がますます深化している（Beck et al. 2001：20–24）。ベックのこの図式に基づけば、第二の近代に至るほど社会は消失することになる。

第一の近代に成立した社会学の創生期の代表的な社会学者であるデュルケムは、「社会学主義」を主張した。社会学主義とは、社会は、単なる個人の集まりではなく、個人の属性を超えた創発的な特徴をもつとする見方である。つまり、社会は個々人の寄せ集めではなく、個々人にとって強制的で外在的な特徴をもつものと考えられた。バウマンは、デュルケムのこうした社会学主義が、強固な強制力をもつ国民国家を背景としていると指摘する（Bauman 2002：6）。一方で、グローバル化の下で国民国家のボーダレス化が進む第二の近代では、社会学主義ではなく「心理学主義」化＝心理化が進行することになる。

では、第一の近代から第二の近代への移行の中で心理化は単線的に進むのだろうか。この点については終章でも検討するが、ここでは心理学的語彙をめぐる「心的なもの」と社会の消失との拮抗する関係についてふれておこう。心理学者のニコルソンは、パーソナリティという概念がどのように形成されたかを論じる中で重要な指摘をしている。

その議論においても、先に見たダンジガーの指摘と同じように、パーソナリティ概念は人格概念に代わって生まれた、心を語る新たな概念だとされている（Nicholson 2003：7）。なぜなら、人格が、社会的な道徳や倫理などの「外的な」規範や基準に支えられているのに対して、パーソナリティは、道徳や倫理から独立した個人の固有性を示す概念として論じられるようになったからである。そして、人格からパーソナリティ概念への転換が、アメリカの二〇世紀のはじめの一九二〇年代から一九三〇年代にかけて生じたことを指摘する。アメリカの二〇世紀初頭での変化とは、「開拓」時代に始まる村落的共同体が、産業化の下で生まれる都市的な社会へと移行することを意味している。そうした移行の中で、共同体のモラルが希薄となり、個人の固有性をより重視する傾向が顕著となる。パーソナリティとは、共同体の道徳や倫理から自由となり、より個人化したアメリカ人を描いた概念として、その時代にはじめて登場した概念であり、その概念の精緻化や普及に影響力をもったのが心理学者のオルポートなのである（Nicholson 2003：6）。

ニコルソンは、ドイツ的な人格概念とアメリカでのパーソナリティ概念との葛藤の中で、オルポートがパーソナリティ概念をいかに発展したかを、その個人誌に即して描く一方で、一九三〇年代に入ってパーソナリティ概念が大きく変わってきたことを指摘している。つまり、一九三〇年代のファシズムの進行する時代において、外部としての社会の圧力ゆえに、自由な個別性を享受する個人という存在が危ぶまれるようになる中で、パーソナリティ概念は、個人に固有な特性（traits）によって説明されるのではなく、文化の属性に規定されるものとされ、「文化とパーソナリティ」といった観点からパーソナリティ概念が見直されるようになったのである（Nicholson 2003：195-196）。

二〇世紀初頭のアメリカの経済的に豊かで比較的安定した発展期では、個性を重視したパーソナリティ概念が展開され、一九三〇年代のファシズムに代表される社会的強制力が強まる時代には、パーソナリティ概念は文化に埋め込まれたものと再解釈されていく。この指摘は、心理化と社会の消失の過程が決して単線的なものでないことを示唆している。グローバル化やネオリベラリズムの下で進展する今日の心理化する社会においても、一方で、個人的な不安の増大ゆえに、自己を位置づける強固な社会的枠組みを求めるために、ナショナルなものへの希求が深まっている。この現象も、心理化と社会の消失のねじれた関係を示している。

(2) 地域的な多元性——リベラルな民主主義と「社会」民主主義

心理化と社会の消失との関連を考える上でのもう一つのポイントは、その関連が地域の違いを超えて単一的で普遍的なものかという問いであった。本章までは、アメリカ社会と西欧社会を中心として個人化の動向を検討の対象にしてきた。したがって、ここでも、その二つの社会の違いに注目しよう。

社会の消失論は、第1章で見たアーリ（イギリス）、トゥーレーヌ（フランス）、ボードリヤール（フランス）など、主には西欧の社会学者や思想家によって論じられてきたものであり、彼ら以外にも、ドイツの社会学者のベックも、第一の近代から第二の近代への移行の中で深まる個人化を検討した。それに対して、社会の消失論がアメリカで論じられる傾向は低いと言える。

これは、民主主義の伝統や背景の違いと関連していると言えるだろうか。社会の一つのあり方としての「社会的なもの」とは、一般的には社会的な国民国家を意味していると、われわれは指摘した。そして、この立場に立てば、国民国家による富の再配分としての福祉政策によって個々人のリスクを軽減することが、「社会的なもの」の存在を示すことになる。こうした「社会的なもの」は、国民国家に必ずしも限定されるものではないが、労働をめぐるさまざまな条件であれ、医療や介護をめぐる保証であれ、それらは、主にはヨーロッパ社会における社会運動の歴史の中で獲得されていった。そうした「社会的なもの」への見方の背景には、安定した労働や医療などが一人ひとりの努力や責任に任せるだけでは実現せず、社会のサポートによってはじめて実現できるとされる見方がある。そうした社会は、「社会的なもの」による民主主義、つまりは「社会」民主主義によって形成されると言い換えられる。自己の再帰性の増大を指摘したベックやギデンズは、従来のような大きな政府としての福祉国家の非効率性を指摘する一方で、ネオリベラリズム的な政策にも反対し、それらの二つに代わる第三の道を提唱した（cf. Giddens 1999=1999）。これは、現代における、新たな社会の再構築の模索の試みとも言える。

一方で、ローズは、心理化の社会的な背景にアメリカ的なリベラルな民主主義を見ようとする（Rose 1996）。リベラルな民主主義は、自律的な自己によって構成される社会を基盤としている。その伝統は、理念的には、ヨーロッパ社会のような階級的な対立の伝統をもたずに、ボランタリーな草の根的参加に基づく地域社会の構築を理想とするアメリカ社会に根ざすものである。そしてローズは、心理学はリベラルな民主主義の理念を背景とするものだとし、同じような観点からダンジガーも、「二〇世紀の最初の三分の一が過ぎたところで、心理学は本質的にアメリカの学問となった」と指摘する（Danziger 1997：192=2005：下巻149）。心理学的自己は、近代社会に遡る、点的で距離を置いたロック的な自己と共通の土台をもつがゆえに、本来的にリベラリズムの自己観と親和的であると言えるだろうか。もし、言えるとすれば、心理化の進展と社会の消失という問題の設定、あるいはそれへの危機意識は、「社会的なもの」を求めてきたヨーロッパ社会の知的な伝統に基づくもので、アメリカ社会では、危機ではなくむしろ自明な事態となるのだろうか。

そう言い切ることは、必ずしも妥当ではない。そもそも、ダンジガーの言うアメリカの学問としての心理学は、心を科学的な解明の対象とする心理学であり、そのような心理学の語彙に基づく心理化と、本章で見たような近代の成立時における心理化の動向を同一視することはできないからである。テイラーが指摘したように、（理念としての）近代社会は、人間というカテゴリーを基盤に、人権、自由、平等などの原理を核として作られる社会であった。そのようなコスモポリタン的自己や社会についての考えは、リベラリズムの思想の核であり、アメリカでのリベラリズムが社会民主主義と親和的であるように、それは社会民主主義の理念と矛盾するものではない。

実際、アメリカにおいても、社会の消失に批判的な見方を探すことは容易である。ベラーらは、現代のアメリカの心理化の傾向を表現的個人主義とし、そのあり方が本来的な民主主義を危うくするものだと厳しく批判し、それに対して、共同体的な価値や伝統、あるいはキリスト教的な博愛の精神に基づく共和的個人主義の復活を強く主張していた（Bellah et al. 1985=1991 第1章参照）。一方、自己肯定観の神話化を指摘したヒューイットも、アメリカ的な自己が、共同体を求める動きと、自立性を目指す動きの両面から成り立つことを指摘している（Hewitt 1989）。このとき、共同体とは、アイデンティティが再確認され、パーソナルな持続の感覚の根拠となるものであり、自立性とは、個人的な意志の創造主として独立した人間の感覚をもつことを意味している。こうした二人の議論を見ると、心理化と社会の消失過程との関連づけは、確かに、西欧の社会とアメリカ社会では異なるとしても、その二分法的な対比を絶対視することは危険である。

なお、本節で扱った、心理化とナショナリズムやコスモポリタニズムをめぐる問題については、終章においてあらためて取り上げることにしよう。

注

（1）ロックの自己の同一性論の背景には、自己の同一性を求める規範の成立がある。それは、商取引や犯罪における自己の同一性規範である。つまり、過去において行われた商取引や犯罪の責任は同一人物が取らねばならないという規範である。そうした規範は今日では自明視された規範だが、責任を集団が取るという事態や考え方は今日でもなくなったわけではない。自己の同一性の規範の成立も、ダンジガーが指摘したような、ロックの生きた時代と関連している。ロックの自己の同一性論については、第6章で詳しく取り上げる。

（2）他方、ローズも心理化を、自己のテクノロジーとしての心理学的な知やさまざまな装置によって、人々に自己の解釈の方法を与え、またその方法に正当性を付与する傾向であるとし、そのような心理化が、心理学の成立と重なることを指摘している（Rose 1998：12, 17）。

（3）一方、ローズは、さまざまな問題を心理的な語彙に基づいて解釈し対処する傾向を心理化と考え、その傾向を背景として心理学が登場し、またその傾向を専門知としての心理学が支えてきたことを指摘した。そして、心理学の影響は単なる知の問題ではなく、自己のテクノロジーの問題であることに注目した（Rose 1998：26f.）。自己のテクノロジーとしての心理学は、単なる知の体系ではなく、学校、家庭、職場、刑務所などの場で、カウンセラー、教師、医者などの専門家によって、心理テストや教科書、あるいはカウンセリング実践という道具を用いて、人々に物事をなすある方法を正しいと認めさせ、ある振る舞い方に資格を与えてきたのである。

　この自己のテクノロジーという考えは、心理化を考える上で重要である。確かに、心理化は、心や精神の語彙によって自己やその状況を意味づける傾向だが、それは、単なる心理的な知の作用によってではなく、自己のテクノロジーによって生み出されると考えることは妥当だからである。認知社会学は、主にカテゴリー化という知の作用に焦点を当てて自己や相互行為を考える理論だが、自己のテクノロジーの観点から学べることとは、そうしたカテゴリー化を可能とする、人や場、道具などの制度的な要素のもつ重要さである。

（4）断っておくべきことは、自己の名前づけ＝カテゴリー化は、あくまで他者の存在をふまえた相互行為の文脈で行われるという点である。自己への名前づけは、孤立的な営みではなく、きわめて社会的な営みである。

（5）テイラーは、近代的な自己のもう一つの異なる起源をロマン主義的な自己に求めている。ロマン主義的な自己は、理性的な点的自己に対して、第一に人間の普遍性ではなく、個々の人間の差異や個性に注目する点、第二に、理性ではなく感情に自己のあり方を求める点、で異なっている。

第一の点は、人間の生き方の固有性に注目することである。人間の生涯は、それぞれの個人が固有に選び取り築き上げるものであって、決して均一のものではない。そこには、他者とは異なる固有の生を見つめる固有な尺度が働いている。そして、固有な尺度は、それぞれの自己に内在する「内的な源泉としての自然」に基づくものである。このとき、自然とは、ありのままの衝動や感情を意味するものであり、その人固有な「内なる声」でもある。その点が、ロック的な理性的な自己と区別される第二の特徴である。このロマン主義的な自己は、自己の固有で内的な自然をありのままに表現するという点で「表現的自己」とも呼ばれる（Taylor 1989：374-376=2010：417-419）。

このように、テイラーは近代的な自己の起源を、理性的で距離を置いた点的自己と、ロマン主義的＝表現的自己との二つに求めた。第一の自己の起源が一七世紀に求められるのに対して、第二の自己の起源は一九世紀のロマン主義運動の中に求められる。しかし、そうした違いにもかかわらず、両者に共通することは、自己を内なるものとし、それに対峙するものとして対象を置くという、内と外、あるいは自己と対象、個人と社会という二分法的な思考である。

　近代的自己が二つの起源をもつというこうした指摘は、それほど目新しいものではない。社会学の分野でも、ジンメルが、個人主義を、理性の個人主義と個性の個人主義の二つに求めていたことは有名である。そのとき、理性の個人主義は、ロックらに代表される近代初期の人権思想に根ざすものであり、個性の個人主義は、テイラーがその事例を求めたように、一九世紀のロマン主義運動にその起源が求められている（Simmel［1917］2013=1979）。

（6）一方で、テイラーは、近代的自己のもう一つの起源であるロマン主義的＝表現的自己が他者の生命との調和によって連帯を生むとしている。つまり、ロマン主義的＝表現的自己は、自己の内なる自然を強調するものであったが、そうした自然は他者の生命と共鳴し、共感しうるものと考えられる。それは、現代社会におけるエコロジーの考えにも共通している。エコロジーの危機は、人類全体が抱える人間的な自然の危機としてとらえられるからである。そして、内なる自然の共鳴や共感に基づく連帯は、点的自己に基づく社会の想像力を補うものと見なされる。テイラーは二つの近代的な自己が、一面では相互に対立するが、二つの自己が補い合うことによって自己に深さが生まれると考える一方で（Taylor 1989：383-384=2010：428-429）、現代のロマン（表現）主義が、人類全体への共鳴ではなく、カルト化、消費主義化していることを批判する（Taylor 1991：ch. 6=2004）。その傾向は、第2章で示した現代的な心理化の傾向に対応している。

（7）臨床心理学者の大森与利子は、心理化を近代社会に遡る現象としてとらえている（大森 2005：231f.）。近代社会は合理的で効率的な社会であり、（臨床）心理学はそうした社会に適合的な人間の形成に寄与してきたと大森は指摘する。その指摘は妥当であるとしても、本書で注目したい点は、近代社会の合理性や効率性の問題ではなく、その社会の構築のあり方にある。

第4章　戦後の日本における個人化

1　日本での個人化と認知社会学の視点

前章まで個人化する自己や社会のあり方を、欧米社会を中心に展望してきた。同様の傾向は、日本の社会にも見られるだろうか。そのことを問うのが本章の課題である。次に見るように、固有な特徴を伴いつつも、基本的には、日本においても個人化の傾向を見ることができる。次節以降、戦後期の近代的個人化（第2節）、高度経済成長期を挟む私化（第3節）、一九九〇年代以降のグローバル化した時代に対応する再帰的個人化や心理化（第4節）について見ていこう。

個人化の諸過程は、欧米社会のケースでも見たように、同時に生じるものではなく歴史的にずれて生じる。近代的個人化の起源は、デュルケムやジンメルの時代である一九世紀末に遡るし、私化は、一九六〇年代や一九七〇年代の豊かな消費社会に典型的には当てはまる。心理化は、長期的には、心理学の成立の時代である一九世紀末、さらには近代的個人化の起源と同じ時代にまで遡るが、一方で、現代的な心理化の傾向は、一九六〇年代の解放の語りからはじまり、一九九〇年頃のグローバル化の進行する時代に顕在化し注目されるようになった。日本では、どうだろうか。近代的個人化は、より古くは、その起源を江戸から明治期に至る開国に求めることができる。日本に限らず後進諸国は西洋社会からの圧力の下で、近代化や個人化を短期間に求められた。日本でも明治以来一五〇年位の間に、西洋社会が産業革命以来二〇〇年前後、ないしはルネサンス以降数百年をかけて達成してきた近代化や個人化を達成することが課題とされた。その意味で、近代化や個人化の過程は日本でも圧縮されたものと言える。しかし、ここでは、個人化の幅を明治まで遡るのではなく、戦後社会に限定する。それは、戦後社会が、戦前の天皇制の体制から解放されて、あらためて個人化とは何かを問い直した時代だからである。一方、私化は、日本では、大衆社会との関連で問題とされた。日本における大衆社会の成立は、一九一〇年代〜一九二〇年代の大正時代にその起源を求める見方もあるが、より典型的には、一九六〇年前後からの高度経済成長期に求める見方が有力である。なぜなら、大正時代の大衆社会化現象は、一部の中間層に限られていると考えられたからである。一方心理化は、ここでは、現代的な傾向としての心理化に限定して論じることにする。その限りでは、日本社会における心理化の傾向は、一九九〇年以降のグローバル化の進行した時代により顕著に見ることができるが、アメリカでの現代的な心理化が一九六〇年代にまで遡る現象であったように、日本での心理化も、一九九〇年代以降に限定されるものではない。そして、再帰的個人化も一九九〇年代以降に顕在化する。

これから、それぞれの時代ごとに、個人化の進展をその言説の中にたどることにする。個人化の諸過程を記述するに際して鍵となるのは、それらの過程を認知社会学的な自己論の観点から読み解くことである。認知社会学の自己論は、自己がカテゴリーの語彙によって構築されるというものであった。自己を構築する語彙にはさまざまなものがあった。役割カテゴリー、ジェンダーやエスニシティの語彙、特定の時代に典型的な人間類型を表す語彙、そして、自己そのものに言及する語彙など。個人化の諸過程は、それぞれ自己をどのように構築するかの語彙を提供する点において異なっている。このように、自己の構築のあり方の点から個人化のそれぞれの過程を描くことが本論の視点である。

その探求において断っておくべき点は、取り上げた素材についてである。素材は、第2章と同じように、それぞれの時代における自己のあり方を分析した専門家や評論家の言説に求められている。

2　戦後期と近代的個人化

(1)　社会学における近代的個人化論

近代的個人化は社会学にとって基本的なテーマである。なぜなら、デュルケム、ジンメル、ウェーバーなどの創設期の社会学者が、近代社会とは何かを論じた際のキーワードだからである。

社会学は、近代社会の基本的な特徴を村落的共同体から都市的社会への移行に求めた。その移行は、デュルケムにおいては機械的連帯の社会から有機的連帯の社会への移行、ジンメルにおいては社会的分化の進展、そしてウェーバーにおいては形式的合理化、あるいは合理化一般としてとらえられた。近代的個人化とは、村落的共同体から、個人を単位として社会が構成されるようになる過程を意味していた。デュルケムやジンメルは、近代社会が、個人というカテゴリーが析出された社会であることを指摘した。つまり、特定の共同体の成員として自らを位置づけたり、特定の身分や職業の成員として位置づけたりするのではなく、人間、あるいは労働者一般として自己をカテゴリー化し、そうしたカテゴリー化に基づいて自己の意味づけや行為が組み立てられていく過程に彼らは注目し、そうした個人の析出を近代社会の重要な指標と考えた。ウェーバーは必ずしも個人化という用語は用いていないが、形式的合理化という概念で同様なことを指摘した。それは、形式的合理性が、家産官僚制に見られたような、共同体の首長の実質的で恣意的な支配から人々を解放し、形式的な法にのみ従う限りで成り立つ社会の原理を意味しているからである（片桐 2011）。そして、同様な指摘をわれわれは前章で、テイラーの近代的な自己や社会の記述に見いだした。

あらためて指摘すれば、近代的個人とは、人間（あるいは人類や人格）という普遍的な他者を前にして自己を位置づける自己を意味しており、そのことが自立や自律を意味している。したがって、近代的個人は、他者と関係をもたないという意味で自立したものではない。家族や地域的共同体などの個別的な世界を超えた、人間という普遍的な他者に自己を位置づけるから個別的な世界から自立しうるのである。その点が、自己論の観点から近代的個人を考える上で重要である。

（2）近代的個人への関心

圧縮された近代化や個人化は、日本だけでなく東アジアを含めた西洋社会以外の国々が抱えてきた大きな問題である。その中でも、日本は、明治での開国以来もっとも早くからその課題に対処してきた。日本の近代化は、戦時中の「近代の超克」の議論が示すように西洋社会の近代を日本的な固有性の面から見直す動きに象徴されるごとく、必ずしも単線的なものではない。ここでは、近代的個人化の問題を戦後社会に限定して論じよう。なぜなら、戦後から一九六〇年代頃までの時代には、近代化の問題が、日本において敗戦を契機としてあらためて活発に議論されたからである。そして、日本における近代化の課題は、西洋社会やその社会学で問題化されてきた以上に村落的共同体からの個人の析出の問題として論じられてきた。それを担った代表的な学者は、丸山眞男や大塚久雄らである。そして、市民という名前も近代的個人と同様に用いられた。日高六郎は、戦後社会の社会的性格を五つに分け、その一つとして市民をあげている。このとき、市民は「近代的な自我意識に目覚めた」社会的性格の担い手を意味している（日高 1960：18）。個人や市民の一方で、封建的な共同体からの個人の解放を主張する動きは、マルクス主義を土台とする論者の中にも求めることができる。そこでは、個人や市民という用語よりは、「（自立的な）主体」という言葉がキーワードとされ、「主体の確立」という表現が、一般の人々の間でも共有されていた（小林 2010 参照）。

そうした議論を批判的にとらえる論者の一人に佐伯啓思がいる。佐伯は、戦後における（近代的）個人や市民論の焦点が過度に封建的な共同体からの個人の解放に求められ、個人や市民がいかに社会を構築するかという視点が希薄であったことを、批判的に指摘した。佐伯によれば、大塚に代表される個人や市民社会論は、以下のような図式を前提としている(1)。つまり、日本社会は、私的領域での問題を公的領域に反映する経路が確立しておらず、私的領域が公的領域に対して従属的であり、個人が確立していない。したがって、日本が西洋のような近代的な社会になるためには、個人を確立することが必要であり、そのためには、封建的な国家や村落的共同体からの解放が不可避である。こうした図式の下で、戦後の個人化や市民論が、公的領域を過度に軽視あるいは敵視したため、「健全な国家意識」や社会への参加意識が育たなかった（佐伯 1997：60f., 163f.）。

こうした論調は、例外的なものではない。確かに、明治の開国以来、近代化は日本の抱える緊急な課題であったが、その過程は決して単線的なものではない。その単線化を妨げた一つの大きな「障害」として、天皇制に基づく国体という体制があった。敗戦でそれが解体することで、戦後社会では近代化があらためて人々の関心を集める求心的なテーマとなったのである。そこでは、戦前の天皇制やそれに土台を置く封建的な国家や村落的共同体からの個人の解放を求めるという言説が一般化していった。したがって、こうした前提で近代的個人化や市民化が論じられてきたことは否定されない。

佐伯の言うように、近代化、個人化、主体の確立などの言説が、日本社会における健全な国家意識や社会参加の形成を阻んできた側面は否定されない。しかし、日本社会での近代化をめぐる議論はそうした読み方に単純に収まるものではない。たとえば丸山は、近代的個人化を単に共同体からの解放としてだけではなく、新たな社会の構築を視野に入れて論じていた。ここでは、日本において近代的個人化がどのように論じられていたかを、丸山の議論に焦点を当てることで見ていこう。

（3）丸山眞男における個人化

丸山にとって個人化、あるいは「個人の析出（individuation）」は、確かに抑圧的な共同体からの自立化を意味していた。したがって、自立を果たすべき日本社会の共同体的な特徴とは何かが丸山の研究の出発点であった。その特徴は、日本社会では、制度がフィクションとして見なされず、はじめからあるもの＝自然なものと見なされてきたために、制度と距離をとることが難しく、制度としての国家によって価値が独占されてきた点にある。そのことは、私的領域が公的領域に対して従属的であることとも関連する。一方で、日本社会は、制度をフィクションとして相対化しうる強い主体としての個人によって成り立つ西洋社会と対比される[2]。

丸山はこうした図式に基づいて日本のファシズムの成立要因を求めた。ドイツのファシズムが下からのファシズムであったのに対して、日本におけるファシズムは上からのファシズムであったとする丸山の見方は、日本におけるファシズム観を長い間リードしてきた。ドイツでのファシズムは、制度的には国民の自発的な支持に基礎づけられてきたのに対して、日本でのファシズムは、国家という上からの価値独占によって民衆が自発的な選択を奪われたまま進行したものだという見方が、上からのファシズムという見方である（丸山 1964：58f.）。

こうした構造は「家族国家観」に対応している。家族国家観は、家族という身近な生活空間が、国家という抽象的な制度の空間と連続的であると考える。国家という公的領域に対して、家族という私的領域が従属的であり、したがって、家族における（父）親に子が従うという従属的な関係を、そのまま国家における天皇に国民（赤子）が従うという関係になぞらえて考えることが可能であった。つまり、家族という私的領域と国家という公的領域を媒介する中間集団（媒介的関係）が機能せず、国民は、国家に直接的に従属することになる。こうしたファシズムの説明図式は、マンハイムらの大衆社会論的なファシズム研究と共通するが、日本でのファシズムは、私的領域と公的領域との連続性が、国家と家族の連続性によって成り立っている点にその固有な特徴が求められる（丸山 1964：42f., 162）。

私的な存在としての国民が、公的領域の頂点にいる天皇に従属的であるだけではなく、国民にとって公的な存在である政治的な指導者も、天皇に対しては私的な存在と見なされる。あらゆる価値の源泉は公的領域の頂点にいる天皇にあるので、原則的には政治的な指導者も、その傘の下に入ることになる(3)。こうした構造は、「各人が行動の制約を自らの良心によってもつのではなく、より上級者の存在によって規定される」ことから「抑圧の移譲」と表現される（丸山 1964：25）。この抑圧の移譲は、頂点にいると思われる天皇でさえ免れることはできない。なぜなら、個々の天皇も、「無限の古にさかのぼる伝統の権威」から自由ではないからである（丸山 1964：27）。

私的領域が公的領域に重層的に従属して、家族と国家が媒介的関係を欠いて連続している日本社会の構造、換言すれば、公的な制度をフィクションとして相対化できない日本社会の特徴がファシズムを生む土壌であり、それが、ファシズムだけでなく、日本人一般の意思決定の無責任体制をも生んだと丸山は考える。そうした構造を生んだ「自然としての制度」観から脱して、制度をフィクションとして相対化しうる強固な主体の形成が個人の析出であり、その見方は、確かに佐伯が指摘したように、個人の析出＝共同体からの自立という見方に対応している。

しかし、丸山の個人をめぐる議論は、単に自然としての共同体からの個人の自立を主張するだけでなく、そのためにどのような社会を構築するべきかという視点を合わせもっていた。

(4) 普遍的な他者を前にする個人の探求

では、自然的な秩序に埋没する日本的な現実に対して、丸山はどのような対案をもっていたのだろうか。ここでは、近代的個人化のもつ本来的な意味にもう一度立ち戻って、丸山の個人化論を考えてみよう。近代的個人化とは、認知社会学の視点から見れば、個人が人間など、より普遍的な他者を前にして自己を位置づけるような主体の形成を意味していた。そうであるがゆえに、家族や地域共同体などの個別的な秩序に依存せず自立している主体が析出されるのである（宇野 2003 参照）。そうした「主体」が、近代的個人を意味している。先の丸山の議論からすれば、日本社会は、私的領域が上位の公的領域に、また、その公的領域は、さらに上位の公的領域に重層的に従う構造をもっていた。人々は、それぞれの個別的な世界を相対化しえずに、それを自然のものとして受け入れたのである。近代的個人化論から見れば、そういった自然とされる個別的な秩序を相対化するには、人間などの普遍的な他者を前にして自己を位置づけることが求められる。つまり、近代的個人とは、社会からの孤立を意味するのではなく、人間などのカテゴリーに示される普遍的な他者を枠組みとして自己を位置づける自己像を意味していた。

この点に関して、田中久文は、丸山の日本思想史の研究が一貫して、自然的な秩序を乗り超える普遍的な原理を日本の思想の中に求める作業であったとして、丸山の日本思想史の研究をたどっている。田中はこの点に関して次のように言っている。「戦後の丸山は、主体性というものが、じつは主体性を超えた超越的なもの・普遍的なものとの関わりによってしか成り立たないことに気づき、その方向で思索を深めることになった。…日本思想史においても丸山は、鎌倉仏教の仏、キリシタンの神、儒教の天といった超越的存在に深い関心を示していた」（田中 2009：256）と。[4] 西洋社会の文脈では、近代的個人は個別的な秩序を超えた超越的、普遍的な他者を前にして自己を位置づけるものと考えられていた。しかし、丸山の近代的個人化への関心は、そうした考えを日本社会に機械的に当てはめるのではなく、日本思想史の中にその契機を求めようとした点にある（丸山 1999 参照）。では、鎌倉仏教の仏やキリシタンの神、儒教の天などに求めた日本的な超越的、普遍的な原理が近代以降どのように開花し、引き継がれていったのだろうか。家族国家論に見たように、戦前のファシズム期では、私的領域と公的領域は共に自然的なものとされたがゆえに、それを相対化しうる視点を日本社会はもちえなかった。そして、戦後の社会も大衆社会状況の進展が、超越的で普遍的な他者の形成を阻むものであると丸山が考えていたとして、田中は次のように指摘する。「高度経済成長のなかで、大衆社会状況がますます進行し、丸山の理想とするような人間の主体性が急速に失われていった。また丸山の求めた普遍者、超越者といったものも、さまざまな思想のなかで影を薄めていく。そうしたことが、丸山の学問的な気力を萎えさせたのかもしれない」（田中 2009：225）と。

近代的個人化の動きは、その後の時代に登場する個人化の過程である私化や心理化などが進展する中で薄れていく。しかし、私化や心理化の時代に近代的個人化の動きが無くなったわけではない。それは、弱まったにしても、公共性や「家族の個人化」などの議論の中にも受け継がれている（山田 2009など参照）。しかし次からは、それ以降のそれぞれの時代により典型的とされる現象として、一九六〇年前後～一九八〇年代の私化や一九九〇年代以降の心理化や再帰的個人化について見ていこう。

3　大衆社会と私化する自己

まず、私化する自己が、日本社会でどのように現れ、また論じられたかを見てみよう。その前提として、私化を大衆社会論と関連させて論じよう。大衆社会論は、とりわけ西欧の社会学ではファシズムとの関連で論じられてきた。そこでは、フロムの第一次的絆の議論に象徴されるように、媒介的関係の解体によって、個人と国家が直接的に対峙し、その結果個人が国家によって直接的な統治の対象となるという図式が一般に見受けられた。その過程は、自己の不安定化や疎外の問題とも関連している。一方で、大衆社会論はもう一つの出所をもっている。それは、アメリカの社会学で展開された大衆社会論である。その議論は、新しいミドルクラスの増大による階級対立の平準化や生活水準の向上によってもたらされた、豊かな消費社会が生み出す社会や自己のあり方に注目するものであった。しかし、ミルズのホワイトカラー論のように、陽気なロボットとしての疎外された新しいミドルクラスを強調するものと（Mills 1951=1982）、リースマンの他者指向論のように、消費生活化によって生み出される新たな社会や自己に注目する議論の間には少なからぬ差異がある（Riesman 1950=1964）。エリオットらは、アメリカで展開された大衆社会論が描いた社会像を「孤立した私生活主義」と呼んだ（Elliott & Lemert 2006）。しかし、リースマン的な他者指向論は、必ずしも、そうした枠組みではとらえられない側面をもつし、また、それ以上に、日本における大衆社会の成立は、孤立や疎外といったネガティブな側面だけでは語れない。

こうした前置きをふまえて、大衆や大衆社会論がどのように日本社会で論じられ、また変わっていったかに注目しながら、日本社会における私化のあり方を見ていこう。

日本における大衆社会の言説は、大きく三つの時期に分けることができる。第一期は、大衆社会前期であり、それは、さらに大正期と戦後の一九五〇年代に分けられる。その時代は結論から言えば、一部の層に大衆社会的な兆候が見られたが、それが社会全般までは拡大しなかった時代とされる。第二期は、一九六〇年前後から一九七〇年代に至る高度経済成長期である。その時代には、急速な消費社会化と、私化する自己が日本でも論じられるようになった。第三の時期は、一九八〇年代のいわゆるバブルの時代である。一九八〇年代には、消費社会化がさらに高度化したことや、また、ポストモダン的な思考の影響によって私化した自己がさらに変化していくことが語られる。

（1）大衆社会前期

大衆社会前期のうちの前半は、大正デモクラシーの時代に対応する。第一次世界大戦中の好景気によって、日本にも大衆社会的な状況が生まれたことが指摘されている。それは、新しいミドルクラスが出現し、消費や文化に主眼をおくライフスタイルが成立したことに象徴される。具体例は、「モガ」や「モボ」という言葉に示される新たな世代の登場、新聞、ラジオ、雑誌、映画などのマスメディアの拡充に伴う大衆社会的なライフスタイルの浸透、さらには、東京や大阪を中心とするデパート（百貨店）の出店と拡大などに見ることができる。大衆社会的なライフスタイルの拡大のゆえに、大正時代は日本での大衆社会の成立期だとする見方がある一方で、そうしたライフスタイルの浸透は一部の層に止まっていたという見方も一般的である。なぜなら、この時代は、第一次産業の従事者は約六〇パーセントを占めていたし、都市部の中間層も全従業者の一〇パーセント程度と見られていたからである（大岡 2014：232 参照）。

一方で、アメリカの大衆社会論は、ミルズやリースマンらによって展開され、日本でも一九五〇年代にいち早く導入された。その時代が、大衆社会前期の後半である。しかし、その論調は、やはり、日本社会がまだ大衆社会としては十分に発展していないというものであった。その論点は大きく二つに分けることができる。一つは、新しいミドルクラスの出現による大衆社会化は都市部では部分的に見られるものの、農村部では従来の支配構造が依然として支配的であり、都市と農村での二重構造が顕著だったという点。もう一つは、マルクス主義の立場からの論点である。それは、大衆社会論が階級の平準化を主張することで、階級対立を曖昧化するゆえに受容できないというイデオロギー批判を含むものであった（松下 1960：1-16 参照）。

一九五〇年の日本の産業別人口構造は、第一次産業が約五〇パーセント、第三次産業が三〇パーセントであったのに対して、アメリカでは、第一次産業が一三パーセント、第三次産業が五〇パーセントであった。このような単純な人口比からも、第三次産業を核とする新しいミドルクラス社会としての大衆社会に日本が達していないことが指摘された。さらに第一の論点が主張したことは、都市ではマスメディアの発達などによる大衆社会化の萌芽が見られるものの、第一次産業を支える農村では、丸山が指摘したような私的領域が公的領域に対して従属的な戦前からの支配構造が残存しているがゆえに、都市と農村の二重構造が存在するという点であった（松下 1960：6）。

また、一九五〇年代は、論壇だけでなく、政治的なイデオロギーとしてもマルクス主義の影響力が強く、大衆社会論は、階級対立を曖昧化し見えづらいものとするという批判が広く見られた。それが、大衆社会論をめぐる第二の論点であった（日高 1960 参照）。

この二つの批判的な論調の中で、大衆や大衆社会という自己や社会をめぐる像は、一九五〇年代には日本社会に広まることはなく、むしろ日本社会を反面的に見る理論的枠組みとして機能した。それに対して、一九六〇年前後から一九七〇年代にかけての高度経済成長期に、大衆や大衆社会へのイメージは大きく変わっていく。

（2）高度経済成長期と私化現象の進展

高度経済成長の時代における私化の進展についての視点には二つの傾向を見ることができる。一つは、丸山の「個人析出のパターン」を用いれば、個人析出の望ましいパターンは自立化や民主化だが、日本ではそうした方向に個人析出のパターンが向かわず、私化の方向に向かっている、とするものである。もう一つは、消費社会化の中で、私生活を中心とする新たな自己像をより肯定的に評価しようとする見方である。

丸山は、個人析出のパターンを自立化、民主化、私化、原子化の四つに求め、日本社会では前者の二つは十分に展開されず、後者の二つが現実的な個人析出のパターンであると指摘した（丸山 1968）(5)。原子化が、伝統的な絆から解放されながらも、媒介的関係を失って権威主義に収斂していくタイプであるのに対し、私化は、私生活に没入しつつも、そうであるがゆえに、反権威主義的な特徴をもつパターンであった。従来の伝統からも解放され、権威に対しても無関心、あるいは批判的である私化を肯定的に評価する視点は、丸山に限らずこの時代に広く見ることができた(6)。そうした私化や私民への評価の多くは、私的領域と公的領域とが連続的で、前者が後者に従属的な日本の風土を背景とし、それを相対化しうるものとして私化や私民を位置づけた。しかし、私生活に関心を収斂していく新たな自己や人間のあり方は、全面的に評価されたわけではない。なぜなら、私化は一方で、自立化や民主化のような政治的な関心や参加を欠いているからである。

この時代に丸山とは対照的に私化した大衆を、そうした留保無しにより肯定的に描いた思想家がいる。吉本隆明は、次のように言う。「丸山はこの私的利害を優先する意識を、政治的無関心派として否定的評価を与えているが、じつはまったく逆であり、これが戦後『民主』（ブルジョア民主）の基底をなしているのである」と（吉本［1962］1969：67）。その主張には重要な背景がある。それは、知識人と大衆という図式である。吉本は、知識人を、西洋の思想を理念として受け入れる際に、日本社会の現実との対峙を欠くがゆえに、日本社会に根づいた思想を構築することができず、それに向き合わざるを得なくなったときに転向を繰り返してきた存在として描いた。それに対して、私的な利害や欲望を重視する大衆こそ、日本社会の現実に即した思想の基盤をなすものと考えられている（吉本［1962］1969：17）。

吉本の大衆への評価は、高度経済成長期のみならず一九八〇年代の高度消費社会においても一貫して持続する。私化に対して留保つきで評価するのではなく、その傾向を、新しい社会や自己像の出現として全面的に評価する見方は、一九七〇年代に一般化する。それは、日本の経済成長がより進展し、豊かな消費社会が現実のものとなったという認識と深く結びついている。

その典型的な議論として、一九七〇年代における新中間大衆論がある。この時代、日本は高度経済成長の結果、もち家、車、電化製品の普及、高学歴化、新しいミドルクラスの増加など、経済的に豊かな社会が実現し、階級の差異が平準化する（と多くの人が見なすようになる）中で、中流意識が増大した。そうした認識の中で、その社会を描くキーワードが新中間大衆であった。大衆社会論が導入された一九五〇年代には、先に示したように、都市と農村の二重構造の指摘やマルクス主義的な階級論の影響の中で、大衆社会論が広く受け入れられることはなかった。しかし、一九七〇年代になって、豊かな消費社会を前提とする大衆社会論を日本でもようやく現実的な理論として受け入れるようになったのである。新中間大衆論は、社会学、経済学、政治学、哲学などさまざまな分野の学問領域で論じられた。

その典型的な論者である山崎正和は、この時代に、日本が、「堅い個人主義」に対して「柔らかい個人主義」の時代を迎えたと考えた。堅い個人主義は、ウェーバーが描くプロテスタンティズム像に象徴されるような、勤勉で目的指向的な個人主義である。それは、産業社会の成立に対応し、消費や奢侈を否定的なものとし、将来の目標に対して今の欲望を禁欲し、それゆえに将来に向かった自己の一貫性を前提とする個人主義であった。それに対して、柔らかい個人主義とは、均一的な目的やそれに基づく自己の同一性を保持するのではなく、欲望の充足や親密な他者との人間関係の交差の中に自己を見いだすものであった。この議論で重要なことは、柔らかい個人主義はもともと日本文化に内在していたのだという見方である。西洋社会の個人主義に比べて、日本社会は集団主義的で、劣ったものの遅れたものという位置づけが一般的であったのに対して、山崎は、日本社会は元来、消費を享受する多元的なライフスタイルを確立してきたのだと主張した（山崎 1984：37-41）。

この時代の大衆への評価を見るときに、鶴見俊輔の大衆論も見逃せない。鶴見は、「ガキデカ」などのマンガのキャラクターに描かれた欲望を肯定的に受けとる大衆を評価した（鶴見 1981：144, 1984：78）。その評価の根拠は、吉本と同じ、知識人と大衆との関係にある。つまり、知識人が、外国の思想を知識としてはもっていても、日本的な現実としての大衆文化に根ざしていないがゆえに、戦前期の大きな社会のうねりに抵抗できなかったのに対して、大衆文化こそが抵抗の根となるのである（鶴見 1981：52）。そして、知識人に対する大衆の評価は、やはり吉本と同様に転向への関心にも見ることができる。鶴見は、転向を経ない思想は子どもや学生の思想だとして、次のように述べている。「転向問題に直面しない思想というのは、いわばタタミの上でする水泳にすぎない。就職、結婚、地位の変化に伴うさまざまな圧力にたえて、なんらかの転向をなしつつ思想を構造化してゆくことこそ、成人の思想であるといえよう」（鶴見 1979：3）。つまり、知識人の思想は学生の思想であり、大衆（あるいは大衆文化に根ざした知識人）の思想こそ大人の思想だということになる。

吉本や鶴見の視点は、大衆のあり方に日本社会の現実に根ざした思想を求めようとした点では、立場は異なっても、山崎の「柔らかい個人主義」の視点とも共通する。このように、大衆や私化をめぐる議論は、社会学や社会科学の分野に限らず、日本的な思想のあり方をめぐる幅広い問題を巻き込んだものであった。

大衆社会状況に対応する私化論は、自己の欲望の肯定や親密な関係の場としての家族などの私的領域を重視するものであった。近代的個人との対比で言えば、近代的個人が自己を位置づける普遍的な他者を志向したのに対して、私化では、そうした普遍的な他者が成立せず、欲望や親密な他者が自己を意味づける枠組みを担ったのである。

(3) 高度消費社会の時代と私化する自己

日本の消費社会化は、一九八〇年代にはさらに高度化し、従来の大量生産に変わり、多品種少量生産の時代への移行の中で、消費のパターンも大きく変化したことが注目された。この時期、多くのポストモダン思想が日本にも導入される。ポストモダン思想の一つの大きな力点は、近代社会がモデルとした中心的で同一的な社会や自己像を脱構築することにあったが、丸山らの議論でも見たように、日本社会では西洋社会のようなモデルが必ずしも前提とされていなかった。自己論に限って言えば、ポストモダン思想での自己論は、状況を超えた一貫して同一的な自己を脱構築し、状況依存的な自己像を提示した。たとえば、ガーゲンがポストモダン的な自己を、戦略的、関係的、寄せ集め的（pastiche）な自己と規定したように（Gergen 1991）、それは、一貫した原則をもつ同一的な近代的自己像への対案であった。しかし、日本では、そうした一貫した自己像は、西洋の望ましい自己という規範的なモデルとしては機能したが、脱構築すべき現実的な自己像として議論されることは希薄であった。山崎の言う柔らかい個人主義も、同一的な近代的自己に対応する堅い個人主義の対案とされたが、前者の多元的で柔軟な自己は、日本文化に固有なものとされたように、それは、ポストモダン的な自己と親和的なものと考えられた。したがって、日本ではポストモダン的な議論は、脱構築の論点としてよりも消費社会を描く議論として広く受け入れられたのである（仲正 2006 参照）。

一九八〇年代の日本における代表的な自己像が、新人類やおたく論として宮台真司らによって以下のように論じられた。両者は、商品を道具として自己のアイデンティティや他者との関係を求める人間類型を意味している。両者の違いは、他者との関係が開かれているか、閉じられているかにあった。日本の一九八〇年代は、消費社会が進展し、機能的に消費されるべきものが飽和化し、消費が記号的なものに移行した時代であった。それは、車や家電などの高額な商品から、ファッション、食品や文房具などの日常的な商品にまで当てはまる。そうした商品の消費では、それを所有していることや用いること自体が意味あるものとされた。つまり、商品の記号性への消費がアイデンティティを求める行為と見なされたのである。そうした新しい、とりわけ若者に見られた自己像が新人類やおたくと呼ばれた。新人類は、大人から見てストレンジな人間という意味合いを含むものであり、おたくはやはり大人から見て何かわからない趣味の世界に閉じこもる若者という意味合いを含んでいた。そうした若者の消費パターンこそ、記号的消費の典型である（宮台 1990 参照）。

では、高度経済成長期に描かれた私化現象への肯定的な評価と、高度消費社会期に語られた新人類やおたくなどの人間像はどう異なるのだろうか。大衆社会化や私化をめぐる議論は、大衆の自由な欲望の表出を肯定的に描く傾向にあった。しかし、新人類やおたくの議論では、確かに、商品をとおしたアイデンティティの表出という点では、欲望の表出を肯定的に位置づける側面をもつものだが、一方でそうしたアイデンティティの表出の背景には、それまであった自己を位置づける枠組みが希薄化、不安定化する現実が指摘されている。具体的には、保守や革新、大人と若者、資本家と労働者などの大きな物語を背景とする自己を位置づける安定した枠組みが希薄化、不安定化し、それに代わって商品が自己を位置づける枠組みとなる。そのことは、社会的な枠組みからの解放としてではなく、反対に自己の不安定化や、それに伴う不安の増大として語られる（宮台 1994：262-264，片桐 2000：128-129参照）。そして、こうした自己の不安定化や不安の増大は、次に見るグローバル化の進行を背景とする自己の再帰性の増大という議論とも対応する。

今まで見てきたように、大衆社会化や私化の語られ方は三つの時期に区分された。第一期は、日本での大衆社会状況が整わず大衆社会状況が否定的に見られた時期、第二期は、高度経済成長に伴う消費社会の成立が指摘され私化が肯定的に見られるようになった時期、そして、消費社会のさらなる高度化と、記号的な消費にアイデンティティを求める自己が語られた第三期。自己を位置づける枠組みの変化という認知社会学的な観点から見れば、それは、大きな物語を含む普遍的な他者から、欲望、親密な他者、商品などに自己を位置づける他者が移行していく過程と説明される。その過程を、われわれは「他者の縮小」と呼んだ（片桐 2000参照）。一方で、一九九〇年代以降において日本での自己の語りはまた大きく変わっていく。

4　断片化する社会と心理化する自己

（1）断片化する社会と再帰的個人化について

近代的個人と私化した自己に続く個人のあり方は再帰的個人化であった。それは、ギデンズ、ベック、バウマンらによって論じられた。ギデンズやベックは、グローバル化の進行する現代社会を、高次近代、第二の近代と呼んだ(7)。一方で、バウマンは、ソリッドな近代に対して、現代社会をリキッドな近代とした。リキッドな近代では、仕事の場としての企業、地域生活の場としての地域共同体、親密な他者と構成する家族のいずれもが、一人ひとりの人生を超えて持続する安定した場ではなくなり、一次的、短期的、流動的な場となる。その点で、リキッドな近代としての現代社会の特徴を「断片化した」社会と名づけることができる。

バウマンのリキッドな近代論やベックの第二の近代論は、主にはヨーロッパの社会学者によって、ヨーロッパの社会を描くことから構築されたが、日本社会でも同様な傾向が指摘されている。なぜなら、一九九〇年代以降、格差社会という言葉が日本社会を描くためのキーワードとして用いられるようになったからである。前節で見たように、一九六〇年前後から一九八〇年代にかけて、日本では、高度経済成長とその後のバブル経済に対応して、消費社会化あるいは高度消費社会化が論じられた。しかし、グローバル化の時代に対応して、豊かな社会や一億総中流社会的な言説は大きく変容することになる。そうした背景が格差社会論や無縁社会論、貧困論のブームを巻き起こしたのである。

その典型として、山田昌弘は「希望格差社会」という表現で、一九九〇年代以降の日本社会の変容を指摘した（山田 2004）。そこで示された要点は、企業、家族、大学という三角形の連鎖の解体である。三角形の連鎖とは、大学への進学、安定した企業への就職、男を働き手とする性別役割分業に基づく持続的な家族という三者の関係の連鎖を意味している。その三角形の連鎖はグローバル化が進展する中で大きく崩れる。そのきっかけは、企業における雇用の流動化である。企業は、ポスト・フォーディズム的な生産方式に対応するために、雇用を流動化させる。その結果、正規社員と非正規雇用の社員の間では、将来への希望の格差が増大した。正規社員は従来型の三角形の連鎖の中で人生を送ることができるが、多くの非正規雇用者ではそれが不可能となる。つまり、賃金が安く雇用が不安定であるために、将来のキャリアの展望が築けず、したがって安定した結婚生活・家族生活を営むことができない。また、従来安定した生活へのパスポートを発行しえた大学の間にも格差が生じ、そうしたパスポートを発行しうる一部の有名大学とその他の大学に分断された。こうした日本社会の変化は、バウマンのリキッドな近代やベックの第二の近代に対応する。しかも、欧米社会よりも終身的な雇用がより一般的であった（と思われている）日本社会では、それは、きわめて大きな社会変動として人々の間で経験された。

ギデンズやベックの議論では、第一の近代での自己が近代的個人に対応したのに対して、高次近代や第二の近代における自己は再帰的な自己に対応した。一方で、バウマンは、リキッドな近代での自己のあり方を心理化という観点から描いている。第1章で考察したように、心理化する自己も、自己への再帰的な問いを加速させる点では、再帰的自己の一つのあり方を示すものと言える。しかし、ギデンズやベックらが、再帰的自己を新たな秩序形成の担い手というポジティブな側面をもつものとして描いたのに対して、バウマンは、リキッドな近代における自己のあり方を、問題を社会的に位置づける想像力を欠いた心理化した自己として、よりネガティブに描こうとした。日本では、グローバル化による再帰性の増大についての議論が、ギデンズやベックの指摘した新しい社会運動や自己の成長というポジティブな面に向かわず、社会の断片化とそれに伴う自己というネガティブな語りに向かっているように思われる。その限りで、再帰的個人化はむしろ感情意識化を含めた心理化と重なっている（cf. Katagiri 2013）。したがって、次に心理化する自己に焦点を当て、日本社会におけるそのあり方を探ることにしよう。

現代的な心理化に関しては、第2章で三つの傾向があることを指摘した。一つは、管理的な心理化、二つめは自己実現としての心理化、そして、第三は、人間関係の感情意識化である。第2章では、管理的な心理化として、統治性としての心理化と抑圧的なセラピー文化の二つを取り上げたが、ここでは前者の統治性としての心理化に焦点を当てよう。自己実現の心理化は、スピリチュアリティの心理化、セラピー的な語彙による自己実現、自己肯定観の神話化という三つを含んでいた。但し、自己実現の心理化も、本来的な自己とは何か、それをどう実現するかなどの枠組みを心理学的な言説が用意し、人々の考えや行動を方向づけるといった点では統治性の働きをもっている。人間関係の感情意識化の議論に関しては、次の第5章で詳論するが、ここでは日本における感情意識化の傾向を取り上げよう。これら三つの傾向を含む心理化はそれぞれに異なっているが、認知社会学の立場から見れば、自己やその状況を解釈し対処するための枠組みが心や精神という内的なものに移行してきたこと、換言すれば、自己言及化してきたという点では共通している。

また、第2章では、現代的な心理化の語りが一九九〇年代以降のグローバル化した時代＝断片化した時代に固有な現象ではなく、より幅の広い現象であることを指摘した。それは、一九六〇年代～一

表4-1　日本における現代的心理化の諸側面

Ⅰ	統治性としての心理化（管理的な心理化として）＝労働の心理化・教育の心理化
Ⅱ	自己肯定観の神話化 (1)スピリチュアリティの心理化＝ニューエイジ現象 (2)セラピー的語彙による自己実現＝自助グループの活動・セラピー文化の拡散 (3)自己啓発書の心理化（自己肯定観の神話化として）
Ⅲ	人間関係の感情意識化＝「やさしい関係」

出所：筆者作成。

九七〇年代の解放の語り、一九七〇年代～一九八〇年代の自己実現の語り、一九九〇年代以降のパーソナルな問題の語りという心理化の変化に示される。日本での現代的な心理化の語りも、断片化した時代に限られるものではない。とくに、日本での自己実現の心理化は、断片化した時代にのみ固有なのではなく、それ以前の私化する時代に端緒をもっているからである。但し、アメリカにおける心理化の過程と日本におけるそれは原則として共通するとしても、両者を全く同じ時期区分に基づいて比較、対応することは難しい(8)。したがって、ここでの心理化の中身やその時代区分は、あくまで日本での事例として検討した。なお、以下の議論の理解を助けるために、日本における現代的な心理化の諸側面を示した表4-1を掲載しておく。

(2) 統治性としての心理化

統治性としての心理化の言説の傾向を、ここでは二つの分野で展望しよう。一つは、労働の心理化、二つめは教育の心理化である(9)。労働の心理化は、労働分野で生じる問題を、階級の問題、経済の問題、あるいは職場の物理的環境や人間関係をめぐる問題を含めた社会的問題として位置づけ、それらの要因の解決を目指すのではなく、問題を心理的、精神的な属性に帰属させ、そのレベルでの問題の解決を図ろうとする傾向を意味している。問題の要因は社会ではなく、個人、あるいは心や精神の問題とされるがゆえに、その問題の解決も個人による解決、つまりは自己の責任に任されることになる。

労働の心理化

労働の心理化は、労働での問題を鬱やトラウマなどの心理的、精神的な問題に帰属して対処しようとする労働の医療化や、やる気や生きがいなどの問題に帰属させて対処しようとする傾向に見ることができる。

山田陽子は自殺対策として厚生労働省が策定した「事業所における労働者の心の健康の保持増進のための指針」（二〇〇〇年）を取り上げ、その指針の中に労働の医療化の事例を求めている（山田 2007）。この指針は、自殺対策のために主に三つのケアが必要だと指摘する。それが、セルフケア、ラインケア、事業所内外での専門家によるケアである。

セルフケアとは、専門家の助言を受けながら労働者自らが自己の心理的、精神的健康をチェックし、コントロールすることを意味している。そこには、仕事時間、肉体的負担、職場の人間関係などの仕事の状況に関する項目から、頭痛やイライラ、不安など心身の状況に関する項目までさまざまなチェック項目が含まれる。ラインケアとは、職場での上司や管理者によるケアである。上司や管理者は、部下の行動をチェックし、何か問題が見られたときには、心の問題の専門家に連絡することが求められる。それに応えるのが事業所内外での臨床心理士や精神科医、保健師、労務管理士などの専門家である。専門家は、具体的な問題が発生したときに対処するだけでなく、通常から、聞き取りや巡視などの労働現場のチェックや研修会の開催などをとおして労働者の心や精神の健康の維持、増進を図る。このとき、重要なことは、その健康を維持、増進する主体はあくまで個々の労働者であること、そして、自殺など問題が起こる以前に、あるいは問題が起こらないように事前に対処するという、この指針の姿勢である。つまり、事前のリスクへの個人的な対処が求められるという点で、この指摘はリスクの個人化に対応する。

もう一つの労働の心理化は、労働をやりがいや生きがいなどの自己実現の問題とする傾向である。それは、労働問題を、階級、経済、労働の現場などの問題として位置づける視点と対立する。日本でのその傾向は、フリーターへの見方に見ることができる。フリーターは、生きがいなど自己実現を求めることが主な目的なので正規の仕事には就かず、したがって賃金が安いなどの仕事上の問題は重要ではない、といった言説がフリーターをめぐって一般化されてきた。また、ブラック企業をめぐる言説も、労働を自己実現の問題に還元する傾向を表している。つまり、やりがいをもって働くことが重要なことであり、賃金や労働時間の問題は二の次であるといった見方が、その傾向を端的に表している。それらの言説は、あくまで労働で重要なことは生きがいややりがいであり、それが実現できていれば労働をめぐる社会的な問題は二次的だという見方で共通する。渋谷望は、そうした傾向を、労働のカテゴリーから「社会的活動」のカテゴリーへの移行と呼んでいる（渋谷 2003：55）。労働というカテゴリーは、従来、階級対立や労働運動などの意味を背景にもつものと見なされてきたが、そうした意味が奪われ、自己実現の達成という「社会的活動」の場として意味づけられるようになったのである。換言すれば、自己実現という形で統治性が進行したのである。

あらためて言えば、労働の医療化や「社会的活動」の場としての労働という見方は、労働での問題を社会的な問題として見るのではなく、鬱などの医療的な問題や生きがいややりがいを実現する「社会的活動」の問題と見る点で心理化の傾向を意味している。それは同時に、問題の解釈や対処を個人に課す点で、リスクへの対処の自己責任化、換言すればリスクの個人化の傾向を孕むものであった。

教育の心理化

統治性としての心理化のもう一つの側面は教育の心理化である。教育における心理化も労働における心理化と同様に、学業の不振、いじめ、学校への不適応など学校現場でのさまざまな問題を心や精神の問題に帰属して、解釈し対処する傾向を意味している。そこでも、生徒を取り巻く、経済的な格差、家庭環境、受験体制など、教育をめぐるさまざまな社会的な問題が等閑視されることになる。

日本での教育の心理化が、臨床心理学の浸透と密接に結びついているとの指摘が多い。日本における臨床心理士の資格は、日本臨床士資格認定協会によって一九九八年に制度化された。しかし、この資格の設定に関しては臨床心理学の世界において一致した合意があったわけではない。小沢牧子によれば、その資格に反対する立場の考えは、それが、「患者やクライエントと呼ばれる人々の内面に問題を還元し閉じ込める抑圧的な装置ではないか」（小沢 2008：91）というものであった。この批判は、臨床心理士の資格化やそれに伴う労働や教育現場への臨床心理的方法の浸透が、心理学的な知を含めた自己のテクノロジーによる統治性を高めることに向けられる。学校現場に臨床心理士の資格化が影響を及ぼすきっかけとなったのが、一九九五年に愛知県で起きたいじめが引き金となった自殺事件であり、その際にスクールカウンセラーが入るようになったと小沢は指摘する（小沢 2008：108）。学校での問題を心の問題に還元して解釈し対処の方法を探る傾向は、自殺、いじめ、暴力事件などの「大きな社会問題」に限らず、勉強に興味がもてない、友達ができないなど、従来問題として構築されることが少なかった事柄にも拡張する。その典型は、ＤＳＭに登場したＡＤＨＤなどの発達障害という「障害」を生徒の行動へ当てはめることに見ることができる。このことは、何が妥当な行動なのかの基準が、心理学あるいは精神医学の基準によって決められていくという事態が学校現場に根強く浸透していることを示している（樫村 2003b 参照）。

学校現場での問題を心のあり方に帰属していく傾向に対して、もう一つの教育の心理化の傾向を「心の教育」に見ることができる。その典型が『心のノート』である。文科省は、二〇〇二年に道徳教育などの教材として使用するために、このノートを全国の小中学校に配布した。その内容は、学年によって異なるが、基本的には四つの基本的な項目からなっている。それは、中学校の『心のノート』からその表現を引用すれば、「自分を見つめて伸ばして」、「思いやる心を」、「この地球に生まれて」、そして「社会に生きる一員として」の四つである（文部科学省 2009）。第一の項目は、自分の心を見つめることで自分の生き方を見つけようといった趣旨を謳っている。第二の項目は、相互の思いやりが豊かな人間関係をもたらすことを主張している。第三の項目は、命や自然の大切さやそれに触れることの崇高さを描いている。そして、最後の項目は、集団があって個人があること、国を愛してその発展を願うことの重要性を主張する。『心のノート』には、人間関係のレベルでも国家のレベルでも、立場や利害の違いや対立といった社会的問題から目を背け、全体の調和を過度に重視しているといった批判が加えられている（三宅 2003 参照）。心理化という観点で重要な点は、さまざまな問題を心に帰属し、対処するという考えである。

第三や第四の項目は一見心理学的な問題とは無縁のように見えるが、命や自然への愛は心の問題と無縁ではないし、国家の問題も国を愛する心といった心の問題に還元して語られる。『心のノート』は、先に見たいじめや自殺などの問題を臨床心理学の見方によって解釈し、対処するといった直接的な統治のあり方を示すものではない。しかし、自己、人間関係、命や自然、家族や国家などの一連の現象を社会的な問題として見るのではなく、心や精神の問題として意味づける見方は、そうした枠組みでさまざまな物事に対処する方向性を人々に教示する点で、統治性としての心理化の事例と考えることができる。このように、教育へのセラピーの導入や心の教育は、心や精神を解釈や対処のための枠組みとして導入した点で共通している。

（3）自己実現の心理化

自己実現、あるいは本当の自己探しという言説が登場したのは、主には一九八〇年代前後である（上野 1987 参照）。その時代は、私化の時代でもあった。その点では、自己実現の心理化は今日にも引き継がれていると同時に、その登場した時代は私化の時代と重なっている。自己実現の心理化の言説を、第2章での分類と同じように、スピリチュアリティの心理化、セラピー的な語彙による自己実現、そして（自己肯定観の神話化に対応する）自己啓発書の心理化という三つの側面から展望しよう。

スピリチュアリティの心理化

スピリチュアリティという言葉が使われるようになったのは、一九六〇年代の対抗文化に端を発している。第2章で見たように、クラップは、ヒッピーに象徴される対抗的なライフスタイルの探求や神秘的な宗教的カルトの形成に、当時の代表的なスピリチュアリティの集合的探求の姿を描いた。日本ではどうだろうか。そのことを考える前提として、宗教とスピリチュアリティはどう異なるのかを、日本での議論を見ることであらためて考えてみよう。

島薗進は、宗教もスピリチュアリティも「聖なるもの」にかかわるものだが、宗教は「聖なるものとかかわるシステム」であるのに対し、スピリチュアリティは「宗教を人間の側の特性や経験に即してとらえようとする言葉」として両者を区別している（島薗 2012：95-96）。このとき、システムとは、物、人物、言葉、書物などを意味し、人々の生活がこれらのシステムによって形成される共同生活に組みこまれるとき宗教現象が形成される。つまり、宗教は、教会や寺院などの（建）物、聖職者、教義、経典などのシステムに基づく集合的な現象とされる。システムの側から見たのが宗教であるのに対して、スピリチュアリティは宗教を人間の側から見た現象である限り、両者は同じ現象を異なる側面から見たもので、異なる現象ではないことになる。しかし、今日、そのスピリチュアリティの側面が自立していることが、宗教現象を考える際に重要となる。つまり、今日のスピリチュアリティの現象は、宗教というシステムを必要とせず、むしろ個人のライフスタイルや文化の現象と位置づけられる。そのことが、宗教に対してスピリチュアリティという言葉が意味をもつ理由である。

では、システムとしての宗教に対して、スピリチュアリティが自立化することが即、スピリチュアリティの心理化を意味するのだろうか。そのことは、一面では当たっているが、一面では当たらない。樫村愛子は、心理的な言説が宗教化することが、宗教の側から見たとき「宗教の心理学化」と考えられると指摘する（樫村 2003a：244）。このとき、宗教化した心理学とは、自我心理学やセラピー、ニューエイジ現象などを含めた多様な現象を指している。この宗教の心理学化が、スピリチュアリティの心理化に当たる。つまり、スピリチュアリティの心理化とは、基本的には、宗教的な世界観が心理学的な言説によって語られるようになることだが、同時に、その探求においてシステムとしての宗教の側面が希薄になる現象を意味している。このように考えれば、対抗文化の集合的探求やニューエイジ現象のみならず、セラピー的な語彙による自己実現や自己肯定観の神話化もスピリチュアリティの心理化に広くは含めることができる。しかし、ここでは、スピリチュアリティの心理化を対抗文化的な色調をもつものに限定して用いている。しかし、クラップが一九六〇年代に描いたような対抗文化の集合的探求が日本の社会全般に広まった事例を探すことは難しい。そのような理由から、次にはスピリチュアリティの心理化として、ニューエイジ現象の日本における今日的なあり方を考えよう。

樫村は、スピリチュアリティの心理化の一つとしてのニューエイジ現象を、自己啓発セミナーやメディア・スピリチュアリズムと並んで位置づけている。そして、それらの日本での今日的な傾向の端緒はいずれも一九七〇年代に求められる（樫村 2007：195）。このとき、ニューエイジ現象とは、アロマセラピー、ドルフィンスイミング、気功などの心身を治療する商品や、カラーセラピーのような擬似的心理療法を指している。第2章で見た一九六〇年代のニューエイジ現象は対抗文化の色調を帯びていたが、それらは今日、世俗化され商品化されている。同時に、これらの現象は、癒やしや自分探しなどの点で、自己実現的な要素を強くもっている。一方、自己啓発セミナーは、集団療法などの手法を用いて短期間に人格を一時的に変化させるセミナーであり、メディア・スピリチュアリズムとは、マスメディアをとおして「スピリチュアリティ」の言説が普及することを意味している。(10) これらの三つは、人間関係への対処の手法を教えるだけでなく、自分探しや自己実現の需要に応える要素をもつ点で自己実現の心理化の要素をもつが、その反面、対抗文化的な色調は脱色されている。(11)

セラピー的な語彙による自己実現

日本における自己実現の心理化の次の事例は、セラピー的な語彙による自己実現である。これには二つの種類が含まれる。一つは、自助グループの活動におけるアイデンティティの探求であり、もう一つは、多重人格やアダルト・チルドレンといった一般的に流布したセラピー的な語彙によって自己を意味づける傾向である。

日本における自助グループの活動の典型はＡＡやアダルト・チルドレンの例に求めることができる（小池 2007：ch. 4）。ＡＡはアルコール依存者の回復を目標とする自助グループであり、そこでの参加者は、自己のアルコール経験を自由に語り合うことでアルコール依存からの回復を目指そうとする。そのステップは一二ある。そのいずれのステップにおいても、自分が弱い存在であり、それに対して強い存在としての神に自分を委ねる傾向が支配的である（cf. Denzin 1989：ch. 4, 小池 2007：133f. 参照）。こうした自助グループとしてのＡＡは、日本では一九七五年に東京で作られた。その後、アルコール依存からの回復を目指すＡＡは、アルコール依存の問題に限られず、アダルト・チルドレンやさまざまな嗜癖からの回復を求める自助グループに拡大していった（小池 2007：136）。アダルト・チルドレンは、子どものときに、アルコール依存者の親から虐待を受け、そのトラウマを抱えたまま成人し、その結果、さまざまな生きづらさを抱える人を原則的には意味するが、その見方において鍵となるのはトラウマである。トラウマを抱える弱い自己を「本当の自己」と位置づけ、その受け入れや解放を目指すという発想が、アルコール以外のギャンブル、薬物、摂食などの依存や嗜癖をめぐる自助グループを今日に至るまで形成していく。これらの自助グループの活動をセラピー的な語彙による自己実現として位置づけよう。

一方で、マスメディアなどをとおして普及したセラピー的な語彙によって自分探しをする傾向を見ることができる。その典型は、多重人格やアダルト・チルドレンなどのセラピー的な語彙の一九九〇年代における普及にある。

多重人格をめぐる言説は、日本では一九九〇年代以降急速に広がっていく。それは多重人格という語彙がマスメディアなどをとおして普及し、その語彙によって自己を位置づける傾向が増大することと関連している。多重人格による自己の位置づけが自分探しや自己実現としての特徴をもつのは、「今の自分は本当の自分ではないかもしれない。本当の自分はどこか他のところにあるかもしれない」という一九八〇年代の自分探しのメッセージが多重人格という言説の普及の根にあるからだと香山リカは指摘する（香山 1999：67）。

同様に、アダルト・チルドレンも自分探しや自己実現にかかわっている。すでに述べたように、アダルト・チルドレンは、子ども期にアルコールに依存していた親をもっていたがために、大人になってもさまざまな生きづらさを抱える人を指していた。また、そうした生きづらさを抱えた「弱い自己」こそ、本当の自己、ありのままの自己と認め、それを解放するという発想がアダルト・チルドレンの自助グループの活動の根にあることを指摘した。そうしたアイデンティティの探求が、自助グループへの参加者に限らず、マスメディアなどをとおしてアダルト・チルドレンという語彙が拡散することで、自分探しとしてのアダルト・チルドレン現象が拡散する。(12)

自助グループの活動とは異なって、多重人格やアダルト・チルドレンなどのセラピー的な語彙が、自助グループや診療所などでの専門家との接触をすることなく、マスメディアなどをとおして多くの人に拡散し、それらの人々の自己実現の語彙として機能していく。そのことが、セラピー的な語彙による自己実現の第二の事例として位置づけられた。次に、自己実現の心理化の最後のケースとして、自己肯定観の神話化を取り上げよう。

自己啓発書の心理化――自己肯定観の神話化として

ヒューイットは、アメリカ社会における自己肯定観の神話化を指摘した（Hewitt 1998）。それは、自己を肯定的に評価することが人生の成功を導くという人生観の神話化を意味する。そうした神話は、成功の哲学やポジティブ・シンキングなどとして人々に生きる指針を与えるものとなっている。ここでは、自己肯定観の神話化のケースとして、人生論を含めた自己啓発書において、いかに生きるべきかの言説がどう変わってきたかを日本の事例で見てみよう。

『自己と「語り」の社会学』（片桐 2000：ch. 5）において、戦後の人生論の歴史をたどることで、いかに生きるかの指針が社会的なものから心や精神、脳などの心理的、精神的、生理的なものに変化したことを指摘した。戦後直後の人生論においては、自己を社会の中に位置づけ、その社会に貢献することが生きる指針であるといった言説が主流であった。たとえば、吉野源三郎は「ほんとうに尊敬できるのは、人類の進歩に役立った人だけだ」（吉野 1969：177）と言っているし、安倍能成は「社会というもののなかにわれわれが生きているということ」を自覚し、他者に対して、そして日本全体に責任をもつことが重要であると言っている（安倍 1966：111, 145）。それに対して、私化現象の進展する時代に、社会や人類などの大きな物語を枠組みとして自己を位置づけるのではなく、自己の欲望の充足や固有なライフスタイルの探求を肯定的に描く人生論がさまざまに登場する（片桐 2000：152f.）。その傾向を引き継ぐのが、一九九〇年代にベストセラーになった五木寛之の一連の『生きるヒント』本である。そのなかで五木は、理想や信念、絶対的な他者に自己を帰依するのではなく、「自己を肯定し、自己を励まし、よろこばせる」日常的な小さな喜びの中にこそ、本当の自己が見いだされると言っている（五木 1993：23）。五木自ら、そうした考えの背景が、社会についての統一的な見方や関心が拡散し、「世の中全体が迷っているような状況」にあると指摘する（五木 1993：41）。そうした変化の究極は春山茂雄の『脳内革命』（1995）に求めることができる。なぜなら、そこにおいては、生きる指針は社会でも心でもない、脳に求められるからである。それは、心理化を超えたソーマ化に対応する。

牧野智和は、人生論を含む二〇〇〇年代以降の自己啓発書の傾向を分析した。ここでの議論との関連で言えば、その傾向は、「心理主義」、「スピリチュアル・ブーム」、そして、脳科学ブームの三つに分類される（牧野 2012：64f.）。第一の心理主義の傾向は、「自らの人格や、人生で起こるすべての出来事」の原因が「内側」にあることを主張するアレンの『「原因」と「結果」の法則』などに求められている（Allen［1992］2009=2003）。第二の「スピリチュアル・ブーム」は、江原啓介などの自己啓発書に代表される。江原の自己啓発書のポイントは、人生の指針を自己を振り返り、分析し、磨こうとする「自己と自己との関係」を築くことにある。第三の脳科学ブームは、茂木健一郎などの脳科学者による自己啓発書のブームを指している。脳科学の知識を活用して、勉強を促進し人生を快適に過ごす技法を提唱する茂木らの自己啓発書は、春山の『脳内革命』の延長線上にある（茂木 2007）。

このように、牧野は、二〇〇〇年代以降の自己啓発書の傾向を三つに分けて指摘した。江原の自己啓発書は、自己肯定観の神話化に対応しており、それも心理主義と同様に心理化の傾向を示すものと位置づけられる。そして、茂木らの脳科学ブームでの自己啓発書は、心理化の進行したソーマ化の事例と見ることができる。そう考えると、二〇〇〇年代以降の自己啓発書の特徴を心理化の深化としてとらえることができるだろう。

ここまで、統治性としての心理化、自己実現の心理化（スピリチュアリティの心理化・セラピー的な語彙による自己実現・自己啓発書の心理化）という点から現代の日本における心理化のあり方を展望してきた。これらの傾向は、心や精神をめぐる語彙を枠組みとして自己を解釈し、自己を探求する点で、自己の構築を方向づけている。最後に心理化のもう一つの傾向を、人間関係の感情意識化という側面から見ていこう。

（4）人間関係の感情意識化

人間関係の感情意識化は、今までの二つのケース、つまり、統治性としての心理化と自己実現の心理化とはやや異なっている。自己や社会をめぐるさまざまな出来事を心や精神の問題に帰属して解釈し対処する傾向を心理化は意味していた。統治性としての心理化はまさにその典型だが、自己実現の心理化も生きる基準を心や精神に求め、その基準に従ってさまざまな問題に対処していくといった点では、統治性としての心理化にも対応している。一方、人間関係の感情意識化も、人間関係のあり方の基準を自分や相手を含む心に求め、その心に基づきながら人間関係に対処していこうとする点では心理化の一つの傾向を示すものと考えられる。

人間関係の感情意識化の典型は、日本では「やさしい関係」として議論されてきた。やさしさの変化に注目して、やさしさという言葉をキーワードに、現代の日本での自己や人間関係を描いた精神分析家の大平健の言説を取り上げ、次に、それを、心理化に注目して社会学的に応用、展開した森真一と土井隆義の二人の社会学者の言説を取り上げよう(13)。

大平は、自らのカウンセリング経験の中で、一九九〇年代以降、やさしさに変化が見られると指摘する。それは、「やさしさ」から〝やさしさ〟への移行である。「やさしさ」とは相手の気持ちに立ち入り、相手を理解しようとし、そのことで共感や一体感が生まれるようなやさしさである。一方で、〝やさしさ〟とは、関係を傷つけることを恐れて相手の気持ちに深く立ち入らず、そのことで滑らかな人間関係を築くことを第一とするやさしさである。その変化は、「ホットなやさしさ」から「ウォームなやさしさ」への移行とも表現される（大平 1995：174）。

森は、こうしたやさしい関係を、心理（主義）化や自己コントロールの高度化との関連で位置づけた。その図式はこうである。グローバル化や断片化の進行する現代社会では、フォーディズム型の一律な管理システムではなく、状況ごとに自己責任で、自己を規律化していくフレキシブルな合理化が求められる。そして、状況ごとにふさわしく振る舞うために、自助マニュアルやＥＱ本に代表される心理的、精神的な知識が重要な意味をもってくる。つまり、現代社会は、心や精神をキーワードとして、状況ごとにふさわしく振る舞う自己管理を求められる自己コントロールの高度化した社会と言える。

この自己コントロールの高度化をより具体的に説明するキーコンセプトの一つが、日常生活のマクドナルド化であり、もう一つが、やさしい関係である。日常生活のマクドナルド化とは、自己をコントロールするためのマクドナルドのマニュアルが、そのまま日常生活でも生きていることを示している。自己啓発書としての自助マニュアル本は、マクドナルドでのマニュアルに対応する。そのマニュアルは、単に自己をコントロールするだけではなく、自己や他者の行動を可視化したり、自己を表現したりする枠組みとして日常生活で生かされる（森 2000：156-159）。一方やさしい関係も、自己コントロールの高度化の一側面を示すものである。森はやさしい関係を、人づき合いの技法と位置づけている。それは、相手に立ち入らず、また自分の本当の気持ちを伝えないことで、自己や相手を傷つけない状況構築の技法である（森 2000：101-104）。そうした、状況にふさわしく自己をコントロールする技法は、状況ごとに自己コントロールを求められる、自己コントロールの高度化した現代社会の典型的な人間関係に対応している。

一方、土井は、人間関係の感情意識化についての議論の出発点を、少年非行の近年における変化に求めている。その変化は「非行少年の消滅」と名づけられた。非行少年とは、非行というサブカルチャーの中に所属する少年を意味している。サブカルチャーとしての非行は、対抗すべき主となる文化があり、それに対抗する限りでサブカルチャーとしての非行なのである。それに対して、近年の少年非行は、明確なサブカルチャーとしてのまとまりをもたず、何が逸脱なのかが不明確化している。かつてであれば、逸脱集団としての非行集団と、そうでない非逸脱集団との境界が明確であったのに対して、今日では誰が、またいつ逸脱者とレッテルを貼られるかは流動的である。逸脱者とレッテルを貼られないために、その場の状況を読み、それから逸脱しないように常に配慮することが求められる。それは、裏返せば、逸脱と非逸脱とを分ける基準が不明確化し、集団の枠が不安定になったからである（土井 2008：ch. 1）。

状況を読み合い、その場から逸脱しないように相互に配慮し合う関係を、土井はやさしい関係の一形態と考える（土井 2008：47-48）。そして、サブカルチャーとしての非行集団から、逸脱しないように状況を読み合うやさしい関係への移行は、大きな物語や大文字の他者を前提とする社会から、そうした枠組みが解体し、そうであるがゆえに具体的な他者の中に自己の承認を求める社会への移行を背景としている(14)。つまり、安定した枠組みとしての大文字の他者を欠き、行動の基準が心理的、精神的な基準にしか求められなくなったがゆえに、その根拠を具体的な他者に求めざるをえなくなったのである。この見方が、人間関係の感情意識化を意味している。

森は心理化に注目して、自己コントロールの高度化した現代社会の自己表出や人間関係の構築の技法を取り上げた。一方で、土井はやさしい関係を少年非行の現代的なあり方を説明する枠組みとして用いつつ、人間関係の感情意識化を指摘した。そこでは、自己や他者を解釈する枠組みとしての心や精神が重視され、そうした解釈に基づいて人間関係が構築されるあり方が共通に描かれている。

5　個人化と他者の縮小

戦後日本における個人化の過程をさまざまな言説を分析することで展望してきた。一九六〇年代頃までの近代的個人化、高度経済成長期とバブル期を含む大衆社会の時代区分に対応する私化、一九九〇年頃からの現代的な心理化という過程をとおして見られる個人化の傾向は、認知社会学の視点からあらためて表現すれば、自己を位置づける枠組みが、自己言及的になってきたということである。近代的個人化において、個別的な共同体からの解放や自立という側面からだけではなく、人間や人格といった普遍的な他者の下で自己を位置づける枠組みの探求が求められた。したがって、近代的個人は、（普遍的な）社会に位置づけられていた。しかし、社会の中に位置づけられた自己という言説は、高度経済成長期以降の時代において希薄化する。それに代わって登場するのが私化現象である。私化現象下では、人々は欲望の解放に象徴されるように、個々の豊かなライフスタイルや親密な場としての家族での生活をとおして自己実現を図ろうとした。私化についての評価に関して、エリオットは、「孤立した私生活主義」としてそれを否定的に位置づけたが、日本的な文脈では、私化現象は抑圧的な政治や、現実に根ざさない思想を批判する基盤として肯定的に評価された。私化の時代に重なりつつも、一九九〇年代以降の心理化の時代においては、自己を位置づける枠組みはさらに自己言及化し、心や精神がその枠組みとなる。一方で、個人化のもう一つの類型である再帰的個人化に関しては、日本では独立した議論の対象となりづらかった。

認知社会学の視点から見れば、社会の消失は他者の縮小の一つのあり方でもある。つまり、問題の帰属の想像可能な社会という他者が希薄化し消失すること、それが他者の縮小に対応するからである。他者の縮小の傾向は、さらに深化した。自己や自分は、本当の自己探しや自己実現において非社会的なものと位置づけられても、まだ反省や考慮の担い手となり得るが、心や精神、さらには脳や生理的な身体は人間の営みの担い手とはなりづらい。そして、私化の時代においては、その自己は、個人の解放や自立として一面では肯定的に描かれたが、心理化の時代では、自己は心や精神、脳などに還元され、さまざまな社会問題に対処する社会的な想像力の担い手からはますます遠ざかっている。つまり、豊かな社会の言説を背景とする一九七〇年代や一九八〇年代では、他者の縮小は解放や自立として描かれたが、一方、格差や貧困の言説が顕在化する一九九〇年代以降の心理化が進展する社会では、他者の縮小は、総じて不安定さや不安を伴うものとして描かれたのである。このように、日本においても、個人化は、時代のそれぞれの様相に応じて異なったあり方を示している。

個人化を見る通底した視点は、自己を位置づける枠組みがどのように変化してきたかに置かれていた。それは言い換えれば、自己を位置づけるカテゴリーがどのように変わってきたかを意味している。

近代的個人化では、普遍的な他者が、私化では、欲望や私的で親密な他者が、再帰的個人化では、安定した媒介的関係から解放された個人が、そして、心理化では、心や精神やソーマが、自己を位置づけるカテゴリーとして作用した。そのような認知社会学的な観点が、日本における個人化の過程を見る視点として通底していたことを最後に確認しておこう。

注

（1）大塚の現代的な意義については、小田中（2006）を参照のこと。

（2）こうした図式に基づいて丸山は、江戸期の政治思想の中に、自然でなく作為として制度を見なす思想を発見しようとした（丸山 1983）。

（3）丸山は、日本におけるファシズムの指導者の無責任性を指摘しているが、その根拠もここにある。つまり国家の指導者も、あくまで天皇の臣下として行動しているがゆえに、その行動は自らの判断によってではなく、天皇の意に沿うものと考えられるからである。公的領域と私的領域との連続性を可能とする家族国家観というイデオロギーは、天皇という公的な存在に対して、国家の指導者が私的な存在として従属し、また、国民（臣民）にとっては公的な存在としての国家の指導者に対して、私的な存在としての国民が従うという重層的な支配構造に支えられている。

（4）近代社会が普遍的な他者を前にして個人から成り立つ社会であることを作田啓一も指摘している。作田は、近代の市民社会が良心を内面化した個人から成り立つ社会だと言っている（作田 1972：231）。

（5）「個人析出のさまざまなパターン」論文（丸山 1968）において、日本社会では、自立化や民主化のような望ましい個人の析出は希薄であり、原子化や私化のパターンが一般的であることを丸山は批判的に述べている。初期の日本政治思想史の研究やファシズム研究では、公的領域に対して私的領域が従属的な日本の風土を批判する中で、それらからの自立や解放の言説が強調されていた。しかし、個人化は単に制度からの解放や距離化を意味するのではなく、結社形成的で、しかも媒介的関係をとおした社会参加を指向すべきものととらえられていた。その社会参加は、制度を自然として、それを受動的に受け入れるのではなく、制度をフィクションと見なしうる自律した主体を前提としている。宇野重規は、こうした丸山の自己像を「結社形成的主体」と名づけ、その考えの出所がトクヴィルにあることを指摘している（宇野 2003：64f.）。

（6）田中義久は、市民（あるいは個人）、庶民、大衆、私民という四つの人間類型を提出している。それは、「対自的」か「即自的」か、個人優先的か非個人優先的かの二組の軸によって作られる四つの象限にそれぞれ対応する。市民は対自的で非個人優先的な人間類型であり、庶民は、非個人優先的で即自的な人間類型である。庶民が非個人優先的であるのは伝統に拘束された人間だからである。一方、大衆は、個人優先的で即自的であり、私民は、同じく個人優先的だが、対自的な人間類型とされる。権威に従属的な大衆に対して、私民が対自的であるのは、それが自らの私的な利害を守るために、かえって国家や政治に対して不信感や批判的な精神をもっていると考えられるからである（田中 1974：231f.）。

（7）ベックの再帰的自己の説明の根拠は、第一の近代から第二の近代への移行にある。第一の近代社会が、村落的共同体から解放された社会であるにしても、その社会が、近代家族、地域社会、階級的な連帯、近代国家の枠などのゲマインシャフトを残したのに対して、第二の近代では、第一の近代が残したゲマインシャフトが消失、解体した。第二の近代は、自己を枠づけるそれらのゲマインシャフトが消失、解体したがゆえに、自己とは何かを再帰的に常に問い直すことが求められる社会だということになる（cf. Beck 1986）。

（8）対抗文化に象徴される解放の語りは、それに根ざす自助グループによる運動の指摘はあるにしても（小池 2007：ch. 5）、日本では希薄であったことから、アメリカと同じ現象がそのまま日本にも見られるとは限らない。また、類似した現象であっても、たとえば、多重人格という語彙をアメリカ社会で一般化させたキースの著作 *The Mind of Billy Milligan*（Keyes 1981=1992）の出版が一九八一年であるのに対して、日本語訳の『24人のビリー・ミリガン』は一九九二年に出版されているように、両者の間にはタイムラグがある場合もある。

（9）災害への対処が、経済的な援助の問題などの社会的な問題としてではなく、心のケアなどの心理的、精神的な問題として扱われる傾向、つまり、災害の心理化も労働や教育の心理化と共に重要な傾向だが、それについては別稿で論じているので参照して欲しい（Katagiri 2016）。

（10）マスメディアでの人生相談などで活躍した江原啓介や細木数子らの活字化された言説は、後述する自己啓発書の心理化にも対応する。

（11）日本における「スピリチュアリティ」の動向全般については梶尾編（2002）などを参照のこと。また、現代社会における、宗教とナショナリズムや全体主義の結びつきの可能性については中島・島薗（2016）を参照のこと。

（12）同様に、ストーカーという語彙も自分探しの意味をもつと香山は指摘する。ストーカーは一見すれば自分探しや自己実現とは無縁に思われる。ストーカーは、相手が望んでいないにもかかわらず、愛情関係などをしつこく求める人という意味で一般には用いられる。しかし、その考え方は、相手の気持ちがよくわからないために他者を切り捨てる→そうした理解できない側面は誰もが心の中に抱えている→そうした未知の部分が自分の中に眠っている、という意味に繋がっていく。そう考えると、ストーカーは他者の問題ではなく、自分の中に別の可能性が眠っているという発想、つまりは、自分探しや自己実現の問題として位置づけることができると香山は指摘する（香山 1999：90）。

（13）浅野智彦も一連の若者論で、若者の人間関係の特徴について精力的に検討しているが（浅野 2013など参照）、ここでは心理化の観点から人間関係を論じた二人を取り上げた。

（14）その変化を、土井は、リースマンの、内部指向的社会的性格から他者指向的社会的性格への移行のモデルに対応させている（土井 2008：51, 122）。つまり、内部指向的社会的性格では、大きな物語や大文字の他者を背景として自己を位置づけられるがゆえに、状況に依存しない強固な自己でありえたのに対して、他者指向的社会的性格では、そうした枠組みをもちえないために、状況ごとに出会う具体的な他者に自己の承認を求めざるをえないからである。そのことは、自分らしさの根拠が心理的な感覚や内発的な衝動に置かれるようになったことと対応すると土井は指摘する（土井 2004：48）。

第Ⅱ部　自己像の変容

第5章　人間関係の感情意識化
――心理化のもう一つの側面

第Ⅱ部の第5章と第6章では、個人化の進展、深化が自律的で一貫した自己という近代的自己像をいかに変えたかについて考察する。本章（第5章）では、人間関係の感情意識化、第6章では、一貫した自己としての同一的な自己をめぐる問題を扱う。本章「人間関係の感情意識化」は、心理化の第三の側面を詳論するものでもある。本章では、リースマンの他者指向論を展開したポスト感情社会論（メストロヴィッチ）とインフォーマル化論（ヴァウターズ）を取り上げ、それらをとおして現代社会における人間関係の感情意識化のあり方を探ることにする。

1　感情意識化をめぐる争点

日本的な自己や人間関係と西洋的なそれらを対比させ差異化する試みにはさまざまなものがある。

そうした対比や差異化に基づいて、日本における自己や人間関係のあり方を特殊なものと見る見方も後を絶たない[1]。しかし、近年では、自律的とされてきた西洋的な自己や人間関係のあり方も揺らいでおり、むしろ、自己やその行為を関係依存的なものと見なす見方が珍しくない。本章では、自己や人間関係を自律的ととらえるのではなく、それらが状況や関係に依存的なものとする見方を、リースマンの他者指向論の展開という角度から検討しよう。

現代社会の自己のあり方の一つとして、再帰的な自己がある。その自己は、残されたゲマインシャフトが解体し、それから自己が解放されて、より再帰的となる所産でもあった。それに対してやさしい関係は、その場その場での状況から逸脱しないように、また、自己コントロールのできない人としてレッテルを貼られないように、自己をコントロールすることで作られる関係であった。それゆえ、西洋社会での個人化と、日本でのやさしい関係をめぐる議論は正反対のものであり、個人化仮説は日本では当てはまらない、という見方がある。つまり、リキッドな近代や第二の近代では、残されたゲマインシャフトが解体し、個人化がより進展すると考えられるのに対して、日本では、関係から排除されないように状況を読み合う同調的なやさしい関係が主題化されているからである、と。

前章で見たように、日本でのやさしい関係は、人間関係の感情意識化を示すものだが、やさしい関係のように具体的な他者の反応を読みながら人間関係を築いていくあり方は、「空気を読む」などの表現に象徴されるように日本の「文化」に固有だと言う見方がある（鴻上 2009 参照）。しかし、土井は、やさしい関係がリースマンの他者指向的な関係に対応するものと位置づけていたし（第4章注

(12) 参照)、森は、やさしい関係をゴフマンの儀礼論と対応するものだと指摘する（森 2000：98）。リースマンによって描かれたのは、やはり状況から排除されないために、そのルールを読み合い、ふさわしく演技する自己であった。リースマンの他者指向的な社会的性格にしても、ゴフマンの状況依存的な自己にしても、それらは、西洋社会の強固な同一的な自己モデルとしての（近代的）個人のイメージを大きく変えるものであったことは間違いない。このことから考えれば、やさしい関係が集団主義的な日本文化に対応し、個人主義が西洋モデルに対応するといった単純な図式は成り立たない。

また、リースマンの他者指向論は、一九五〇年代の安定した近代家族を背景としていたし、ゴフマンの儀礼論も、アメリカの白人ミドルクラスの儀礼をモデルとしていた。それに対して、現代の日本社会は、西洋社会と同じように、安定した家族などの集合体が失われた社会であることに注目する必要がある。したがって、やさしい関係を、リースマンの他者指向やゴフマンの儀礼的世界と単純に対応させるのではなく、安定した集合体が解体した現代社会において、空気を読み合いながら、状況依存的な関係をその都度構築している不安定な関係と見ることが求められる。やさしい関係は、同じ断片化の時代にある再帰的個人化と同一ではないにしても、状況依存的な関係を構築していく再帰的な自己に支えられた関係とも共通している。

こうした関心に基づきながら、まず本節では、西洋的な自己や人間関係のあり方を自律したものと見るのではなく、状況・関係依存的なものと見る視点の先駆けをリースマンの他者指向論に求めることにしよう。そして、リースマンの他者指向論を現代的に展開していったアメリカの社会学者であるメストロヴィッチのポスト感情社会論と、オランダの社会学者のヴァウターズによるインフォーマル化論を、第2節と第3節で取り上げよう。本章の課題は、それらをとおして人間関係の感情意識化の深まりを示すことにあり、同時に、心理化の第三の側面としての感情意識化のあり方を探ることである。

2　リースマンの他者指向論の意義

『孤独な群衆』は一九五〇年に出版された。そこで、リースマンは、現代社会における自己像の変化を、内部指向的社会的性格から他者指向的社会的性格への移行としてとらえた。内部指向的社会的性格とは、個人の方向づけが内的であり、明確な目標をもつ人間像を意味している。このとき、明確な目標とは個人的な自立や社会的な善の達成を意味している。たとえば、内部指向的な社会では、親は、明確な理念や信念をもって子どもに接し、その反面で、子どもの行動に細かく介入することはない。一方で子どもは、早くから家を出て親から自立することを目標とする。このような内部指向的な人間は、ジャイロスコープをもっている（Riesman 1950：66–70=1964：56–60）。ジャイロスコープとは、どのような状況に置かれても、常に一定の方角を指し示す方向指示器を意味している。一方で、他者指向的社会的性格とは、自己を方向づける指針が一貫していないがために、その基準を他者、とりわけ具体的な状況にいる顔の見える他者に求める人間像を指している（Riesman 1950：47–50=1964：39–

42)。リースマンはこうした他者指向的社会的性格を、常にレーダーを張って、状況の中でどのように振る舞うかの妥当性を具体的な他者の反応に探る人間として描いた（Riesman 1950：21=1964：17)。このように、内部指向的な人間は、状況に依存しないジャイロスコープを内部にもち、他者指向的な人間は、行動の指針をレーダーを張って具体的な他者に求めるという、二つのタイプをリースマンは理念型的に提出した。

この図式は、前者が、自立、自律した個人のイメージに対応するのに対して、後者が、強固な自我をもつ人間像が当時のアメリカ社会において希薄化し、具体的な状況において相互に妥当な行動の指針を読み合う、他者依存的な自己や人間関係が登場してきたことを示すものとして重要である。なぜなら、そのことの指摘は、先に示したような二分法的な図式、つまり、西洋社会＝個人主義的社会、日本社会＝状況に依存的で集団主義的な社会、という二分法的な図式を再考させるからである。このとき、内部指向的な人間が、その指針を内部にもち、他者依存的な人間が、それを他者に求めるという単純な二分法として理解することは早計である。内部指向的な人間は、心や精神のような自己の内部に行動の指針をもつのではなく、典型的にはウェーバーの描いたプロテスタンティズムの精神に見られるような、より一般的で普遍的な理念に指針を求めている。そうした超状況的な指針に基づいて自己の行動を位置づけることができるがゆえに、個々の具体的な状況に依存せず、それを超えて一貫して振る舞うことができるのである。そのことが、状況に依存しない強固な内部をもっていることの理由である。したがって、他者指向的な人間が他者に依存し、内部指向的な人間が他者に依存しないのではない。二つのタイプの違いは、指針とすべき他者のあり方の違いになる。そのことは、この本でも一貫したテーマでもある、近代的個人とは何かを考える上でも重要である。

リースマンの他者指向的社会的性格論が、西洋的な自己や社会と日本的なそれとの二分法的な図式を再考する端緒となることを指摘した。リースマンの他者指向的な社会的性格論はその後さらに展開されていくのだが、その議論に移る前に、リースマンが内部指向的な社会から他者指向的な社会への移行の背景をどのようにとらえたかに触れておこう。そのことは、他者指向論の現代的な展開を考える上で重要だからである。リースマンの社会的性格論は、人口学的な視点に基づいている。つまり、内部指向的な社会の成立は、産業革命に由来する生産の拡大による人口の飛躍的な膨張に求められる。一方で、他者指向的な社会は、生産中心の社会から消費中心の社会への移行に伴う、人口の減退期に対応する（Riesman 1950：ch. 1=1964）。内部指向的な社会は、ウェーバーが描いた資本主義の成立時に対応し、そこでは、生産は独立・自営した小規模の生産者によって担われていた。彼らは、不安定ではあっても、具体的な他者の眼を気にするのではなく、自立していたのである。一方で、他者指向的な社会は、生産の規模が拡大して社会が豊かになり、その結果、人々の関心が生産から消費に向かうことを可能とさせた社会である。そこでは、大量の新たなミドルクラスが成立し、彼らの多くは、大規模な企業で雇われて働くようになる。そうであるがゆえに、組織の中で、その目標に同調し、また職場という状況においてレーダーを張って相互に他者の行動を読み合うことが求められる。リースマンが描いた他者指向的な人間の典型は、大企業のミドルクラスであり、終身雇用と（近代）家族の制度の中で、安定して職業的人生を歩むことができる人間でもあった（Riesman 1950：46-47=1964：38-39, 149-152=1964：136-138）。

3　ポスト感情社会論――他者指向論の展開（1）

他者指向論は一九五〇年に出版されたものであり、それは、終身雇用に象徴される安定した職業的人生の成立を背景とするものとされた。グローバル化した今日の社会では、社会的な事情は大きく変わっているが、リースマンの議論は現代でも受け継がれている（cf. Gans et al. 1979）。そこで次に、メストロヴィッチのポスト感情社会論とヴァウターズのインフォーマル論を取り上げよう。なぜなら、これらは、とりわけリースマンの他者指向論の現代的な展開可能性を示しているからであり、また、人間関係の感情意識化のあり方を見るための重要な素材になるからである。

（1）ポスト感情社会とは

メストロヴィッチは、現代社会を「ポスト感情社会」と名づけた。ポスト感情社会とは、基本的には他者指向的な社会に対応するものである（Mestrovic 1997：42）。では、他者指向的な社会とポスト感情社会とはどのような関係があるのだろうか。一言で言えば、ポスト感情社会論の特徴は、他者指向的な社会を感情のあり方に注目して読み直そうとする点にある。つまり、リースマンは、他者指向論において、他者指向的な社会がレーダーを張って相互に他者の出方を読み合い、同調的に状況を構築する社会と考えたが、メストロヴィッチは、リースマンの他者指向論に欠けている感情論を補うことでその現代的な意義を再考しようとしたのである。

他者指向的な社会における感情の特徴は、デュルケムが描いたような、社会の成員全体を巻き込む集合的な沸騰ではない。具体的な他者との人間関係において互いを傷つけないように感情的に配慮することに、その特徴がある。ポスト感情社会は、人間関係を構築するための感情意識が高度化された社会だと言える。

ポスト感情社会における感情の特徴を、メストロヴィッチは「ナイスな感情」と名づける（Mestrovic 1997：50f.）。ナイスな感情とは、他者への思いやり（cordiality）と他者との距離を取ることの二つの側面をもっている。ナイスな感情は、具体的な他者に対して感情的に傷つけ合うことをさけるための鍵であり、思いやりつつも距離を取るバランスの中で達成される。それは、典型的には、テーマパークとしてのディズニーランドやファストフードのマクドナルドの店で見ることができる（Mestrovic 1997：60, 160）。それらの空間では、客にどのように感情的に満足を与えるかが、あらかじめパッケージ化されており、また、パッケージ化された感情の表出はリハーサル化されている。そして重要なことは、こうしたナイスな感情の表出方法が、ディズニーランドやマクドナルドなど、あるいはその他のサービス業での労働の場に限らず、家族や友人関係などの日常生活の場面にも浸透している点である。日常生活の場においても、ナイスな感情によって他者を感情的に傷つけないこと、つまり、他者を思いやりつつ距離を取ることが人間関係を構築する上で鍵とされる。そのことを、メストロヴィッチは「感情のマクドナルド化」と呼んでいる（Mestrovic 1997：144）。

ポスト感情社会において集合的沸騰が困難である理由を、メストロヴィッチは現代社会における過去の共有の困難さに求めている。それは、共有された過去の不在と、それに代わる過去の消費化である（Mestrovic 1997：118-127）。一方、過去が共有され、それに基づいて集合的沸騰の発生が可能だった社会が、内部指向的な社会である。過去の共有が難しいポスト感情社会では、集合的な概念が個人化する（Mestrovic 1997：118）。つまり、ポスト感情社会では、過去の出来事への意味づけが個人化するがゆえに、過去への共通の意味づけが困難となり、それに基づく集合的沸騰が成立しない。この視点は、認知社会学の視点にとっても重要である。なぜなら、感情が他者と共有されるためには、相互が同じ集合体に属していると見なしうることが不可欠だからである。感情は、そうした枠無しに成立するものではない。集合的な過去の共有の困難さゆえに、過去は消費の対象となる。たとえば、ケネディ大統領やマリリン・モンローの死の現場へのツアーがそれを意味している。ケネディ大統領やマリリン・モンローの死は、アメリカという共同体の歴史に位置づけられ、アメリカの物語を構築する素材ではなく、単なる消費の対象となる(2)。

このように、メストロヴィッチは、他者指向的な社会である現代社会が、過去の共有に基づく集合的沸騰の困難な社会であり、また、共同体全体を巻き込むような集合的沸騰に代わって、ナイスな感情が人間関係の構築にとって不可避なものとなる社会であることを示した。そして、そうした社会をポスト感情社会と呼んだ。それは、人間関係の感情意識化が高度化した社会でもある。

（2）ポスト感情社会といじめ

ポスト感情社会論では、人間関係を感情意識的に維持していく現代人の姿が描かれた。一方で、ナイスな感情による調和的な人間関係が、一面で排除の機能をもっていることに注目したのが、ポスト感情社会における「いじめ（bulling）」の問題である。

いじめとは、学校や職場でイメージされるいじめを含むが、それだけではない。いじめには、「弱者を傷つける力の行使」という一般的な定義が与えられている（Mestrovic 2015：4）。いじめは、近代社会に固有な官僚制化した組織に見られるものであり、したがって、ゴフマンの描いた全体的な施設（total institution）やリッツァーの描いたマクドナルド化した社会に典型的に見られるものである。一方で、メストロヴィッチは他者指向的な人間関係もいじめの世界であると言う（Mestrovic 2015：13）。なぜなら、ポスト感情社会は、ナイスな感情に基づく調和的な人間関係を土台とするが、そうした感情意識的で調和的な人間関係は、一方で、同調しない、あるいはできない人を排除する働きをもっているからである。それが、ポスト感情社会におけるいじめの問題である。

メストロヴィッチは言う。「リースマンはいじめという言葉は用いていないが、仲間集団を、リアルなものであれ、メディアやソーシャル・メディアなどによるヴァーチャルなものであれ、いじめの主体として描いている。仲間集団は、『ナイス』、『クール』、『すてき（swell）』、また、その他の肯定的な形容詞で描かれているが，それは，同時に，非同調者を打ち砕く『専制者』としても名前づけられるのだ」と（Mestrovic 2015：27）。仲間集団は，その人間関係の波長を乱す人，あるいは波長に合わない人を排除する専制者であるがゆえに，その成員は，排除されないように感情意識を高めることでレーダーを張るのである。したがって，人々は，仲間集団から排除されないために，仲間とは異質な個性の表示を控えなくてはならない。ポスト感情社会における個性のあり方を，メストロヴィッチは，「小さな差異のナルシズム」（Mestrovic 2015：49）と呼んでいる。それは，大量生産による商品に，自分の好きなアクセサリーをつけることに見られるような他者との差異化を意味している。自律のイメージを伴う個人や個性のイメージと小さな差異のナルシズムとは，大きく隔たっている。そして，こうしたいじめへの見方は，集団からの排除を恐れて，相手への感情意識的な配慮を高度化するという，日本でのやさしい関係についての議論と共通している[3]。リースマンの時代と現代との違いをどうとらえ，また，そのことに基づいて，ポスト感情社会のあり方をどうとらえるかに関しては，次節の，ヴァウターズのインフォーマル論をふまえて，最終節の後半であらためて考えよう。

4　インフォーマル化論──他者指向論の展開（2）

（1）感情社会学とヴァウターズ

従来，ヴァウターズの感情社会論は，感情労働論の文脈で扱われてきた。とくに，ホックシルドの感情労働論への批判が有名である。ホックシルドは、感情労働が「自然な」感情を疎外することを、客室乗務員の事例をとおして描こうとした[(4)]。一方で、感情労働の担い手としての客室乗務員は、感情労働を企業から一方的に強制され、感情労働のマニュアルどおりに感情の表出を強いられているものではないとヴァウターズは指摘する。なぜなら、感情労働は、顧客に対して一様に行われものではなく、そのあり方は創意を含めて、客室乗務員に任されているからである。その客室乗務員の感情労働の背景を、ヴァウターズは、その出身階層や飛行機を利用する顧客の多様化に求めている（Wouters 1989 : 113）。つまり、多様化した顧客と客室乗務員との関係においては、一方向的な感情労働は不可能だからである。こうした感情労働のインフォーマル化を指摘する一方で、ヴァウターズは、インフォーマル化を、客室乗務員の感情労働に限られず、一般の人々の感情表現のあり方の問題としてとらえ、感情のあり方をとおして社会＝社会史を論じている。そのことを次に見ていこう。

（2）インフォーマル化とフォーマル化

ヴァウターズのインフォーマル化論は、広くはマナーや感情表出の点から社会の変遷＝社会史を描こうとした。それは、エリアスの文明化の研究を現代に受け継ぐものだが、戦後の西洋社会の変化を、インフォーマル化やフォーマル化という概念によって描こうとした点でエリアスとは区別される。

では、あらためてインフォーマル化とは何か。インフォーマル化とは、マナーや感情表出において公的な規制が無くなる状態を意味している（Wouters 2007 : 3）。このとき公的な規制とは、階級、ジエンダー、世代、国家などに固有なマナーや感情表出をめぐる規制を指している。逆に言えば、マナーや感情表出をめぐる公的な規制が働いている状態がフォーマルな社会ということになる。この公的な規制は、超自我として、人々のマナーや感情表出を規律化する。フォーマル化の例は、言語、ファッションなどさまざまなケースに見ることができる。言語が、階級や地域、ジェンダーによって異なっていたのに対して、それらの言語使用が共通化されていく。その過程が、言語のインフォーマル化である（Wouters 2007：85）。ファーストネームで相手を呼ぶことへの変化の過程も言語使用のインフォーマル化に対応する。ファーストネームという呼称の使用に対するものは、階級的に上位の他者に対するサー（Sir）などの敬称の使用である。そして、ファッションのインフォーマル化は、一九六〇年代や一九七〇代における、ジーンズやTシャツの流行に見ることができる。なぜなら、それらの流行は、ファッションが、階級や年齢、ジェンダーに規定されることなく、平準化する過程を意味しているからである。

インフォーマル化という現象の基本は、マナーや感情表出が、階級やジェンダー、世代や国家などの枠を離れていくことにある。それは、言い換えれば、社会が平準化、平等化し、さまざまな集合体の境界が希薄となり、その成員同士が混交していくことを背景としている（Wouters 2007：191-192）。つまり、集合体の境界が崩れ、人々が混交するがゆえに、それぞれの集合体の枠に拘束されていたマナーや感情表出のあり方が流動化していく。しかし、その結果、あるべきマナーや感情表出の基準を、個々人が判断しなくてはならなくなる。こうした個人化の過程を、インフォーマル化は意味している。(5)

そして、それは同時に感情意識の高度化を意味している。

フォーマル化が進展した時代は一九世紀と一九九〇年代である。一九世紀のフォーマル化した社会の典型はイギリスのビクトリア時代に求められる。その時代は、ブルジョアジーのマナーや感情表出がモデルとされ、その維持が階級の境界を維持し、また、他の階級を排除する機能を果たしていたからである（Wouters 2007 : 30-31）。もう一つのフォーマル化の典型は一九九〇年代にあった。この時代は、一九六〇年代から一九七〇年代にかけてのインフォーマル化の時代に対して、グローバル化の進展などの社会的背景の下で、階級格差が拡大し、とりわけヨーロッパの社会では、移民と永住者との対立が顕在化する時代であった。こうした時代に、階級や移民などのさまざまな集団がマナーや感情表出の枠組みを強固なものとして形成し、そのことが相互の排他性を生み出していく（Wouters 2007 : 184, 194-196）。

このように、フォーマル化とインフォーマル化はスパイラル的に進展する。ここでインフォーマル化に注目したのは、それがリースマンの他者指向論を展開したものであり、また、感情意識化された社会の実態を描いたものだからであった。では、インフォーマル化論と他者指向論はどう関連するのだろうか。その問いを次に検討しよう。

（3）インフォーマル化論と他者指向論

インフォーマル化と他者指向的社会的性格の関連を考える端緒は、インフォーマル化が単純な感情の解放や個人化を意味するものではないという点にある。

インフォーマル化は、マナーや感情表出の枠組みとして機能してきた階級などの公的な規制が解体し、その表出がそれらの枠組みから解放され、個人化される過程を意味していた。それは確かに一面では、規制から解放された感情の自由な表出を意味している。しかし一方で、規制のない感情の表出は、従来マナーとしては控えられてきたような、露骨で直接的な感情の表出をもたらし、そのことが相互を傷つけ合う危険性をもつようになる。そうした危険を避けるために、人々は、規制のない感情を表出するのではなく、相互が個人個人で感情の表出を規制するようになっていく。つまり、インフォーマル化の下での感情の表出は、「何でもあり（anything goes）」ではなく、むしろ、それに対して、個人個人による反省的な自己規制が課せられていくのである（Wouters 2007：92f., 213）。こうした、反省的な自己規制をヴァウターズは、「コントロールされた脱コントロール」と名づける（Wouters 1986：3, 2007：93, Swaan 1981：387）。インフォーマル化はマナーや感情表出の脱コントロールをもたらすのではなく、そのコントロールが、階級などのさまざまな集合体による公的な規制から、一人ひとりによる反省的な自己規制に変わったのである。それが「コントロールされた脱コントロール」の意味するものである。それは同時に、人間関係の感情意識の高度化に対応する。(6)

「コントロールされた脱コントロール」がもたらす相互行為の特徴としてもう一つだけ説明しておこう。それは、インフォーマル化がもたらす相互行為の回避、あるいはそれからの引きこもりという現象である。「コントロールされた脱コントロール」は、明確なマナーや感情表出をめぐる規制を欠くがゆえに、何が妥当なマナーであり、感情の表出なのかを自己反省的に探らなければならない。エリアスの文明化論を現代に引き継いだスワーンは、インフォーマル化の進展により、公共空間でのマナーや感情表出を恐れる傾向を「広場恐怖症（agoraphobia）」と名づけている（Swaan 1981：364f.）。この広場恐怖症は、必ずしも現代的な現象ではなく、インフォーマル化の進展した一九世紀末にすでに見られたものでもある。しかし、インフォーマル化が自己反省的な「コントロール」を生み、その結果、そのことに疲れて他者との相互行為から回避し、あるいは、それから引きこもるという現象は、ポスト感情社会におけるいじめと同様、インフォーマル化のもたらす一つの側面として注目に値する。

こうしたインフォーマル化のもたらすマナーや感情表出のあり方をふまえた上で、最後にインフォーマル化論と他者指向論の関連について述べておこう。

結論から言えば、リースマンの内部指向的な社会がフォーマル化した社会、他者指向的な社会がインフォーマル化した社会に対応する。フォーマル化した社会は、階級などの集団の枠組みに、マナーや感情表出が公的に規制された社会を意味していた。それはまた、公的な規制が超自我として人々に内面化されている社会でもあった。内部指向的な社会も、個々の状況を超えた一般的、普遍的な規範を内面化し、それがジャイロスコープとして人々の行動を規制していた社会であった。その点で、フォーマル化した社会は、内部指向的な社会に対応する。インフォーマル化した社会は、マナーや感情表出をめぐる公的な規制が希薄化し、感情表出がそれらから解放された社会であったが、規制がなくなったのではなく、自己の反省的な作用によってコントロールされた社会であった。一方で、他者指向的な社会は、内部指向的な社会のような超自我を欠き、個々の状況において、何が妥当な行動なのかをレーダーを張って具体的な他者に読み込む必要のある社会であった。内部指向的な社会が強固な超自我の下で規制されていたとすれば、他者指向的な社会は、状況から逸脱することを恥とする社会である（Wouters 2007：215f.）。その限りで、他者指向的な社会はインフォーマル化した社会に対応する。

5　感情意識化した社会における相互行為

最後に、二つのことを考えよう。一つは、感情意識化した社会における相互行為のあり方を認知社会学の視点から問うこと、もう一つは、ポスト感情社会論やインフォーマル化論と、リースマンの他者指向論との違いを確認する中で、感情意識化した社会における相互行為のあり方を再考することである。

(1)　感情意識化した社会における相互行為①——認知社会学の視点から

認知社会学の視点から、ポスト感情社会やインフォーマル化した社会の感情意識的な社会のあり方を問い直すために、ポスト感情社会論やインフォーマル化論で得られた知見をあらためてまとめておこう。

ポスト感情社会論が描く現代社会の人間関係の特徴は、人々がナイスな感情によって、他者に思いやりの感情をもちつつ、過度に他者にかかわることのないように距離を取って接するという点にあった。それは、共同体での過去の共有を根拠とした感情の集合的沸騰の困難さを背景とするものであった。その結果、人間関係の枠組みとしての集合体が希薄化し、その基準を個々の状況において他者との関係の中で読み取っていかなくてはならなくなる。そうであるがゆえに、メストロヴィッチは、ポスト感情社会の特徴を他者指向的な社会の特徴になぞらえた。なぜなら、他者指向的な社会における相互行為も、内部指向的な社会のような個々の状況を超えた一般的な規範を欠くがゆえに、個々の状況における具体的な他者に妥当な行為の基準を読み取らなくてはならないからである。

一方、ヴァウタースは、インフォーマル化を、階級やジェンダー、エスニシティ、国家などの集合体の枠組みが、マナーや感情表出の枠組みとして機能しなくなり、それらから感情の表出が解放されていく過程と考えた。しかし、そのとき考えるべき重要な点は、インフォーマル化が単純な感情の解放ではないという点である。つまり、マナーや感情表出をめぐる枠組みが希薄化したがゆえに、人々は、相互を露骨で直接的な感情の表出によって傷つけないように、反省的に自己を規制しなくてはならない。その過程が、「コントロールされた脱コントロール」である。一方で、このインフォーマル化した社会に対比される社会がフォーマル化した社会であり、マナーや感情表出をめぐる公的な規制が明確な社会であった。そして、ヴァウタースは、フォーマル化した社会をリースマンの内部指向的な社会に、インフォーマル化した社会を他者指向的な社会に対応させた。

こう考えると、両者に共通する現代社会における人間関係への見方が浮かんでくる。つまり、ポスト感情社会でも、インフォーマル化した社会でも、人々は、他者をどう定義し、また他者に対してどう振る舞うかの基準を提供していた、階級、ジェンダー、エスニシティ、国家などの集合体の枠組みが希薄となり、その基準を具体的な状況の中で読み合わなくてはならなくなってきたのである。こうした特徴をわれわれは、心理化の第三の側面としての人間関係の感情意識化を示すものと位置づけた。そのあり方を認知社会学の視点からあらためてとらえ直そう。

認知社会学の相互行為への視点は、ミードの役割取得論とシュッツの類型論にその一つの出発点があった（序章参照）。ミードは、相互行為の成立を役割取得の過程としてとらえた。役割取得とは、ある人が他者に対してある行為を企てようとしたとき、その人が、その行為への他者の反応を予測し、また、その予測に基づいてはじめの行為の企ての内容を修正して行為に至る過程を意味していた。そうした役割取得は、必ずしも人間同士の間だけに起こるものではない。人間とその他の動物、あるいは、人間と物の間にもそれは生じうる。しかし、シュッツの類型論をふまえれば、人間の間での役割取得の特徴は、それが言葉の付与によって行われる点にある。スーパーマーケットでの店員と顧客の間のやりとりの例を考えよう。顧客はレジで物を買おうとするとき、他者である店員が出された商品を受け取り、お金を受け取ることを予測して、お金を支払うことを自明としている。そのことが可能となるのは、その他者を店員とカテゴリー（類型）化でき、また一方で、店員はそのレジにやってきた他者を顧客とカテゴリー化できるからである。相互のカテゴリー化が、相互の行為の予測を容易とし、相互行為はスムースに進行する。

こうした認知社会学の知見からポスト感情社会論やインフォーマル化論の描く現代社会の人間関係のあり方を見たとき何が言えるだろうか。それは、一言で言えば、相互に他者をどうカテゴリー化するかという基準＝手がかりが不安定化してきたという事態である。スーパーマーケットという場であれば、相互に顧客や店員という名前づけがなされ、それに基づいて妥当な行為のあり方が理解される。同様に、相互が家族の成員であることを自明としている場においては、夫や妻、親や子どもなどとカテゴリー化し、そうしたカテゴリー化と結びついた行為の枠組みが理解される。そのことは、階級、ジェンダー、エスニシティ、国家などの集合体の構築においても当てはまる。相互の行為の枠づけが自明であれば、人々は、その枠組みに基づいて容易に他者の反応を予測することができる。しかし、そうした枠組みが崩れたとき、人々は、関係の手がかりを、その時々の相互行為の場面において、反省的に求めなくてはならない。つまり、ポスト感情社会やインフォーマル化した社会とは、認知社会学の視点から見れば、相互の自明性が解体し、その営みが個々の状況に依存的になった社会と言い換えられる。つまり、ポスト感情社会論やインフォーマル化した社会としての現代社会は、自他のカテゴリー化が不安定化し、相互の行為の条件依存性が高まった社会なのである。

(2) 感情意識化した社会における相互行為②――リースマンの他者指向論との違いをとおして

ポスト感情社会論とインフォーマル化論は、ともにそれぞれの社会が、他者指向的な社会に対応するものと位置づけていた。メストロヴィッチは、現代社会が、他者指向論の展開された一九五〇年前後より強く他者指向的な社会の特徴をもっていると指摘した。一方で、ヴァウターズは、インフォーマル化の典型を一九六〇年代〜一九七〇年代に求め、一九九〇年代にはフォーマル化のスパイラル的な揺り戻しが見られるとしつつも、インフォーマル化の傾向は消えたわけではないと指摘した。

確かに、他者指向的な社会は、内部指向的な社会に見られたような状況を超えた強固な規範が希薄化し、個々の状況ごとで妥当な行為の基準を相互に探り合うという点で、ナイスな感情が求められるポスト感情社会に対応するし、さまざまな集団の公的規制が弱まり、反省的な自己規制が求められるインフォーマル化した社会に対応している。その点で、他者指向的な社会の見方は、現代社会を見る場合にも有効性をもっている。しかし、一九五〇年頃の他者指向的な社会のモデルが、そのまま、現代社会に通用するのだろうか。それがわれわれの抱く疑問である。その点を最後に考えよう。

第2節で指摘したように、他者指向的な社会のモデルは、リースマンの言うように、当時の大企業の安定した新しいミドルクラスにあった。彼らは、内部指向的な社会を支えた独立自営の旧ミドルクラスとは異なり、大きな組織で働き、それゆえ、組織での順応や組織内での人間関係に同調することを求められた人々であった。また、終身雇用的な企業は、役割分業的な特徴を色濃くもつ家族を安定したものとして支えていた。そうした、安定した大企業での雇用とそれに支えられた家族という構図は、その後変わり始める。ラルフ・ターナーは、一九五〇年頃のリースマンの他者指向的な自己のあり方と、一九六〇年代～一九七〇年代の自己のあり方の違いを指摘している。後者の時代の特徴は、本当の自己が、「自然な感情や感性」に求められる傾向、換言すれば感情の私化にある。そして、ターナーは、他者指向的な人間は、安定した企業や役割分業的な家族を背景とするゆえに、一九六〇年代から一九七〇年代に至る感情の私化する過渡期のモデルなのだと言う（Turner 1976）。その指摘から考えれば、他者指向的な社会と、一九六〇年代～一九七〇年代のインフォーマル化した社会を同列に位置づけることには疑問が残る。

したがって、現代社会をかつてより以上に他者指向的な社会と位置づける視点には留保が必要だろう。リースマンは他者指向論を一九五〇年頃の安定した大企業や役割分業に基づく家族を背景としたものと考えた。それに対して、現代社会では、ギデンズ、ベック、バウマンらの指摘にあるように、グローバル化やネオリベラリズム的な政策の下で、職場、家族、地域などの安定性が崩れ、人生の設計や自己のあり方への反省性・再帰性が高まっている（片桐 2011：ch. 6 参照）。それゆえに、リースマンの他者指向論のモデルを現代社会にそのまま当てはめることには無理がある。

他者指向論の時代とその後の時代の違いを指摘するリースマン論から推論されることは、その後の社会は、リースマンの他者指向の時代以上に、他者指向のあり方がより個々の相互行為の場面に依存してきたという点である。それは、リースマンの時代には、比較的安定した相互行為の枠組みが共有されていたのに対して、その後の時代には、その傾向がますます不安定化していったことを意味している。ナイスな感情や「コントロールの脱コントロール」に見られたように、人間関係の感情意識化がより高度化していったのである。こうした特徴は、カテゴリー化の状況依存性の増大という、認知社会学の視点に基づく相互行為への見方を背景とする。

注

（1）日本的な自己や人間関係のあり方を西洋的なそれらと対比し、差異化する見方はさまざまに見られるが、終章での議論のためにも、ここで典型的な視点を一つだけ紹介しておこう。それは、個人と「間人」の対比である。

個人と間人という対比は、社会心理学者の浜口恵俊によってなされたものだが（浜口 1988）、その視点は木村敏の自己論にも依っている（木村 1972）。個人と間人の違いを二つの点で整理しよう。一つは、自己のあり方、もう一つは、人間関係やコミュニケーションのあり方の違いである。自己のあり方の点では、西洋的な自己が「自我（self）」であるのに対して、日本的な自己は「自分」とされる。その違いは、自我が他者に依存しない「主体的な成員」であるのに対して、自分が「人と人の間」に依存している点にある（浜口 1988：63-67, 木村 1972：144f.）。一方で、人間関係やコミュニケーションのあり方の違いは、社会関係と間柄（浜口 1988：135f.）の違いから説明される。つまり、個人と個人がまずあって、両者の間に人間関係やコミュニケーションが築かれると考えるのが前者の考えであり、はじめに人と人の間、あるいは間柄があって、それを前提としてコミュニケーションが成立すると考えるのが後者の見方である。

（2）メストロヴィッチは、博物館やテーマパークの中で死んだ過去がシミュレーションされると表現している（Mestrovic 1997：125）。この指摘は、記憶の私化や、記憶の場論を展開するフランスの歴史家であるノラの議論とも通じている。なぜなら、記憶が集合体によって共有されるものから、それが個人的なものに移行していることを指摘しているからである。ノラは次のように言う。「教会、学校、国家などは、価値を保持し伝達することを保証する記憶の共同体であったが、それらは終焉を迎えた。」それに代わって「歴史的なものから心理的なものへ、社会的なものから個人的なものへ、伝達可能なものから主観的なものへ、という記憶の移行が決定的なものとなった」と（Nora 1996：2, 11=2000：16, 26）。

（3）一方で、メストロヴィッチは、リースマンの時代とポスト感情社会の違いをメディアの発達の違いに求めている。それは、ソーシャル・メディアの発達、とりわけ電子メディアのナノテクノロジー化である（Mestrovic 2015：53f.）。ナノテクノロジーとは、この場合、スマホなど、電子メディアの個人化した使用を可能としたテクノロジーを意味している。テレビに代表される電子メディアが、調和的なナイスな感情表出をもたらしたのに対して、メストロヴィッチは、電子メディアのナノテクノロジー化は、人々を孤立させ孤独にすると指摘する。それは、ソーシャル・メディアが人々の絆になるという見方と対極をなしている。

（4）ホックシルドは、客室乗務員の感情労働をふまえながら、感情労働の疎外的な側面を三つの点から指摘する（Hochshild 1983=2000）。それは、バーンアウト、欺瞞、切り離し（estrangement）の三つである。バーンアウトは、客室乗務員が顧客に対して深層のレベルで演技して職務にのめり込むことで、自己の「自然な」感情を見失うことを意味しており、欺瞞は、逆に、バーンアウトを恐れるあまり、顧客に対して仕事と割り切って表層で振る舞い、顧客に対して「自然な」自分を表出していないと悩むことを指している。また、切り離しは、顧客に対する深層からの感情労働と私的な生活での感情表出を全く異なるものとして切り離すことで、自己が不統一であるという矛盾を抱えることである。いずれのケースでも、感情労働は、客室乗務員などの感情労働の担い手に、「自然な」感情からの疎外をもたらすと考えられる。

（5）このとき個人化は、一面で、普遍化をもたらしたとヴァウターズは指摘する（Wouters 2007：194）。つまり、階級などのさまざまな集合体の境界が崩れ、それらの枠がなくなることで、個人化が進んだのだが、そうした個人化は、枠組みそのものの解体をもたらすのではなく、さまざまな集合体をまたいで、それらを包括する普遍的な枠組みをもたらした。それは、国家を超えた理想や理念を共有する「拡大した社会的宇宙（expanding social universe）」を指している。この指摘は、普遍的な自己、あるいは個人とは何かを考える上で興味深い。

（6）「コントロールされた脱コントロール」＝反省的な自己規制は、ゴフマンの印象操作に対応するとヴァウターズは言う。そして、印象操作は、露骨で直接的な感情の表出を控え、相互が傷つかないように自己の感情の表出をコントロールするがゆえに「本当の自己」から距離を取るという感覚を生み、そのことが「本当の自己」への回帰をもたらすという。それはまた、一種のロマン主義への回帰でもある。つまり、「本当の自己」あるいはロマン主義への回帰は、「コントロールされた脱コントロール」があってはじめて感じられるものである。したがって、「本当の自己」の本来的な感情の表出が一方にあり、他方でそれを抑圧する規制があるという二分法的な見方は間違いとされる（Wouters 2007：210f.）。こうした二分法的な見方への批判は、先に示したホックシルドの疎外論的な感情労働論への批判に通じるものでもある。

第6章　自己の同一性とその不安定化

——個人化と物語論の視点から

前章では、人間関係の感情意識化をとおして近代的自己像の変容を示した。それは、心理化の第三のあり方を探る試みでもあった。本章では、自己の同一性の変化をとおして近代的自己の変容について考察しよう。第1節から第3節までは、それぞれ、ロックの自己の同一性論、物語的な自己の同一性論、そして認知社会学の自己の同一性論をとおして理論的な視点を確認する。第4節では、エリオットとバウマンの「新しい個人主義」論やリキッドな近代論をとおして現代社会における自己の同一性のあり方を展望する。

1　ロックの自己の同一性論

自己の同一性論の出発点は、ダンジガーやテイラーらが近代的自己像の起点を求めたロックの議論にある。ロックは『人間知性論』（Locke［1690］1975=1974）で、自己の時間的な同一性について論じている。そこでの自己の同一性の根拠は、意識の同一性にあり、その見方が心理学的な自己の同一性論の出発点となった。

ロックの心理学的な議論の出発点は、意識の担い手としての人格（person）にある。人格は、人（man）とは区別される。人が、他の動物と対応する生物的な側面を示すのに対して、人格は意識の主体とされる。「人格とは、理性と反省によって、自分自身を自分自身と考えることのできる、思考する知的な存在（being）であり、違う時間と場所で同じ思考をするものであり、こうしたことは、思考と分離できない、思考に本質的と思われる意識によってだけなされるのである」（Locke［1690］1975：39=1974：312）。つまり、人格の本質的な特徴は、自分を自分であるとする意識によって思考することであり、そのような意識は、時間や場所が異なっても同じである。そこから、自己の同一性は、意識の同一性のことだと結論される。自己の同一性の根拠が、意識の同一性に求められるのは、理性的、反省的で意識的な思考によって、自分とは何かを自覚しうる人格としての人間の特徴に依る。

そのことを敷衍していけば、意識が及ばない過去や間違った記憶に基づいて想起される過去における自分は、現在の自分と同一なのかという疑問が生じる。実際ロックは、過去の行動に関して当時抱いたのと同じ意識によって現在においても意識しうる限りで、過去の自分と現在の自分は同一であると言っているので（Locke［1690］1975：40-41=1975：314）、過去の行動を意識しえない場合は、過去の人格と現在の人格とは同一でないことになる。その問いは、過去に犯した犯罪への責任をどう考えるかという問いに結びつく。原則的に考えれば、過去において犯した犯罪についての意識を現在の自分がもっていないとき、その人は過去において罪を犯した人とは同一でないのだから、その行動への責任は負わないことになる。

自己の同一性＝意識の同一性という考えから、王侯と靴職人の入れ替えという思考実験が生まれる。それは、王侯の魂がその王侯の過去の生活の意識を伴いながら、靴職人の魂が抜けたときにその身体に入り込んだという例である。つまり、身体は靴職人だが、意識は王侯である。このとき、この人格は王侯と言えるだろうか。一つの見方は、身体、つまりは外見が靴職人なのだから、その人格は靴職人だというものである。そして、もう一つは、外見は靴職人でも、意識が王侯なのだからその人格は王侯だという見方である。先に見たように、人格の同一性は意識の同一性によって決まるわけだから、その論理を当てはめれば、この人格は、意識の同一性ゆえに、王侯だということになる。こうした、心理学的な要素としての意識に自己の同一性の根拠を求める見方の端緒、あるいは代表としてロックの自己の同一性論は位置づけられてきた。

意識の同一性のみが人格の同一性の根拠であるとする考え方は、自己の同一性の流動性、脆弱性を暗示している。ロックの『人間知性論』が出版されたのは一六九〇年であり、その時代は、市民革命や産業、商業の発展によって市民階級が勃興し、自己の同一性を規定してきた従来の階級、職業、家柄といった、生まれながらの社会的な属性や神学的な世界観が、自己の同一性を決める要素としては脆弱なものとなった時代であった（cf. Danziger 1997：47f.=2005：上巻87f.）。言い換えれば、自己の自明性を支えてきたそれらの社会的な属性や神学的な世界観が希薄化、脆弱化したがゆえに、自己の同一性の根拠が自己の意識に求められるようになったのだと考えられる。ロックにとって人格は、理性的で反省的な自己意識によって規定されるものであり、その規定は、自己の自明性が脆弱なものとなった時代に対応している。そしてその時代は、心理化の出発点でもあった。

人格の同一性＝意識の同一性という見方は、ロックによる人格の同一性論の代名詞とされてきた。人格の同一性論は、その後、哲学の分野でヒューム、シューメイカー、パーフィットらによって連綿と持続している。われわれの自己の同一性論も、それを批判的に検討するにしても、人格の同一性＝意識の同一性という見方を検討の素材としている。ここでは、ロックの人格の同一性論が、単純な意識説ではないことにも触れておこう(1)。

第一は、先の、王侯と靴職人の例でも示したように、その二人の入れ替えは、単なる意識と身体の入れ替えではなく、魂の入れ替えであったという点である。ロックにおいて魂が前提されていたのであり、その点では、ロックの人格の同一性論は、科学として魂の議論を排除してきた心理学的な同一性の出発点ではあっても同じではない。また、ロックは、魂の同一性と同時に神の同一性を前提としていた（Locke［1690］1975：34=1974：310）。忘却や記憶の誤りによって、過去の人格と現在の人格が意識において同一化しえなくても、神はそれを明らかにしうると言っているように、人間の有限な意識を超えた存在として神が前提とされている（Locke［1690］1975：48=1974：328）。神が不変であるがゆえに、人格の同一性の揺らぎは決して不安定なものとは位置づけられなかった、といった見方も可能である。

しかし、ここで注目したい点は、ロックの自己の同一性論に、魂や神が前提とされていたという点ではない。自己の同一性論が単純な意識説でないという第二の点は、人格の同一性を犯罪への責任と関連づけて検討している、その見方である。人格の同一性は意識の同一性に基づくものであり、過去の行動に対して同じ意識をもてなければ、過去の人格と現在の人格は同一ではなく、したがって過去の行動に責任をとる必要はないはずである。しかし、ロックは法廷ではそうではないと言っている。つまり、酔ったときに犯した事実を後になって覚えていないという例をとおして、過去の行動への記憶がなくてもそのことで責任を免れるものではないと（Locke［1690］1975：48=1974：328-329）。なぜなら、人格の同一性の根拠を意識の同一性に求めることは脆弱であり、それを超えて法廷での過去の行動への責任の付与の方が優位とされるからである。それは、言い換えれば、自己の同一性は確かに一面でその本人の意識の同一性に根拠が求められるが、一方で、その脆弱性を埋めるものとして法廷の眼、より一般化して言えば、他者の眼が不可避だということである。

2　物語的な自己の同一性論

第3章で見たように、テイラーはロックの自己論を批判した。すなわち、テイラーはロックの自己観を「点的自己」と「距離を置いた自己」と名づけることで批判したのである。テイラーによれば、自己は、家族、地域社会、国家などの共同体の中に埋め込まれたもの、言い換えれば、共同体の物語の中に位置づけられる（べき）ものである。それに対して、点的自己とは、物語を欠いた、つまりは「線」を欠いた「点」としての自己を表している。一方で、点的自己は「距離を置いた自己」観と結びつく。距離を置いた自己とは、自己を含めた対象を理性的に眺めることができる自己を意味していた。ロックにおいて「人格とは、理性と反省によって、自分自身を、自分自身と考えることのできる、思考する知的な存在」であった。そうした自己をテイラーは「距離を置いた自己」と呼ぶ。ロックにおいて、自己は白紙状態で生まれ、今日の用語で言えば「社会化」によって形成されるものと考えられたが、自己が「距離を置いた自己」であることは自明とされていたのである（Taylor 1989 : ch. 9=2010）。

テイラーの批判したロックの自己論と、ロックの人格の同一性論とを結びつけて考えよう。ロックは自己の同一性の根拠を心理的な連続性に求めた。過去の自己と現在の自己の同一性は、現在の自己と過去の自己が同一の意識をもち、現在の自己が過去の自己を記憶している限りで維持されると考えられた。つまり、自己の同一性は、その時々の（点的な）現在における自己の心的な状態、基本的には記憶という心理学的な要素によって獲得されると考えられたがゆえに、それは、テイラーの名づけた点的自己観と対応する。しかし、テイラーの考えによれば、自己の同一性はその時々の心理的な状態によって点的に保たれるものではなく、線としての物語の中に位置づけられるものであった。その対比の中で、テイラーはロックの自己論を批判の対象とし、自らの自己論の構築の反面的な意味での出発点とした。テイラーによる自己の同一性への見方を「物語的な自己の同一性論」と名づけよう。そのような見方は、次に見るマッキンタイアの自己の同一性論に、より明確に見ることができる。しかし、その議論を見る前に、ロックの同一性論が、テイラーの批判したような点的自己という観点からすべて語られるわけではないことに触れておこう。なぜなら、ロックは自己の同一性が記憶という心理的な条件によって保持されるとは限らず、裁判では、過去の行動への記憶の喪失や誤りは、その行動への責任を免れる根拠とはならないことを指摘していたからである。それは、敷衍すれば、ロックが自己の同一性の根拠を他者の眼に求めていたことを意味している。そのことに留意しながら、同一性の物語的展開のあり方を探る次の論拠として、テイラーと並ぶ代表的な共同体主義者であるマッキンタイアの自己論を見ていこう。

マッキンタイアは、「人間は物語る動物である（story-telling animal）」（MacIntyre 1981：216=1993：264）と言ったことで有名である。それは人間の行為が、その時々の状況を超えた歴史の一契機として位置づけられること、したがって、その行為が、歴史的な物語の中に編み込まれることによってはじめて理解可能になることを意味している。たとえば、「彼は何をしているか」という問いに関して、次のような答えが考えられる。「文章を書いている」、「著書を書いている」、「行為理論に関する論争に貢献している」、そして「テニュアを取得しようとしている」。この四つの行為の意味理解の文脈の時間幅は、後者に至るほど拡張している。そして彼の行為は、より広い時間幅をもつ物語の中に位置づけられてはじめて理解が可能となる（MacIntyre 1981：207–208=1993：254）。なぜなら、今、文章や著書を書いているという行為は、行為理論の論争を意味あるものとする学問の共同体の中に位置づけられ、また、その共同体の中でテニュアを取得するという人生の物語の中に位置づけられて、はじめて理解可能となるからである。

そうした前提で、マッキンタイアは、ロックに端を発する心理学的な自己の同一性論を批判する。ロックは、記憶に基づく意識の連続性をもって自己の同一性の根拠と考えた。それに対して、マッキンタイアは「物語的な自己の同一性論」を提唱する（MacIntyre 1981：217–218=1993：266–267）。その視点の特徴は、二つある。一つは、自己を、歴史的な主体（subject）として見る点である。このとき、自己は、誕生から死に至るまでを貫く一つの物語の中に位置づけられる存在であること、その物語は単に個人の人生の物語ではなく、共同体の中に位置づけられた物語であることが前提とされている。物語に位置づけられて、つまりは歴史的な主体となることで、自己の同一性が確保される。もう一つの物語的な自己の同一性論の特徴は、物語の中での自己の位置づけを他者に申し開くことができ、それに対して、他者による承認を求めることができるという点である。つまり、自己の同一性を保証する物語の中での自己の位置づけは、共同体を背景として行われる点では確かに単独の営みではないが、それは、同時に他者に対しても説明可能であり、また他者によって承認されているという点が、第二の特徴のポイントである。ロックが、自己の同一性を単に心理的な問題と考えていたのではなく、裁判の例に見られたように、法廷の眼という他者との関係の問題としても見ていたことはすでに指摘した。したがって、マッキンタイアのロック批判には留意が必要である。しかし、自己の同一性を単に自己の心理的な問題とするのではなく、共同体という他者との関係で考えるマッキンタイアの視点は、われわれ自身の自己の同一性論の展開にとっても重要である。

マッキンタイアは、こうした自己の同一性論をふまえて、共同体の歴史的な責任についてどう考えるかをめぐって、近代的個人主義を批判している。たとえば、アメリカにおける過去の奴隷制に対して、「私は奴隷を所有したことがない」と言って一切の責任を否定することができるだろうか、と問いかける（MacIntyre 1981：220=1993：270）。この問いに対して、過去のアメリカ人が行った道徳的な責任は現在のアメリカ人にとっても免れることはできないと言う。なぜなら、人は共同体の一員として、過去の共同体の行いに対して責任を負っているからである。それは、人間が物語る動物だからであり、自己の同一性は共同体の中に位置づけられた物語の中で保持されるからである。共同体の過去への責任は、戦争をめぐってのユダヤ人に対するドイツ人を含めた現代人の責任にも言えるし、当然、中国や韓国に対する日本人の責任問題にも当てはまる。

マッキンタイアは、共同体の過去の行いに対する現代人の無関心を、近代的個人主義に帰属させている。その個人主義は、敷衍すればロック的な心理的な自己の同一性論に帰属されるだろう。そこでは自己の同一性は、あくまで個人の記憶という心理的な属性に依存すると考えられていたのであり、そうであるがゆえに、その考えを突き詰めれば、その個人の記憶にないものは責任を負う必要はないということになる。それに対して、物語的な自己の同一性論は、自己の同一性が、共同体を背景とする物語の中に自己を位置づけることによって保持されるがゆえに、過去の共同体の行いに関する責任問題に関しても「道徳的同一性」を背負うと考えるのである（MacIntyre 1981：221=1993：271）。

3　認知社会学と物語的な自己の同一性論

ロックが自己の同一性を意識の同一性、あるいは過去の自己への記憶の持続に求めたのに対して、テイラーやマッキンタイアは、ロックの同一性論に対して、それを点的自己論として、あるいは、意味理解の時間性や物語性の視点を欠いているとして批判した。そして、彼らが、ロック的な点的自己論や心理学的な自己論に代わって提示した理論が、物語的な自己の同一性論であった。この節では、認知社会学と物語的な自己の同一性論の比較をとおして、両者の類似性と差異を検討しよう。

認知社会学の立場からの自己の同一性論を要約的に説明しておこう（片桐 2006：ch. 6 参照）。それは、基本的には自己の同一性は、物語によって同一のものとして構築されるというものである。但し、注意すべき点は、自己の同一性を社会的な規範として考えるべきだという点である。自己の同一性規範の成立は、近代以降、犯罪や商取引の自己責任の規範が一般化し、その結果、過去の行為に対して自己の責任を取ることが規範として、あるいは自明なものとして求められるようになった社会を端緒としている。裏を返せば、自己の同一性が規範として求められない社会であれば、それは自明なものと見なされないことになる。したがって、自己の同一性は、決して前提の問われない自明なものではなく、あくまで社会的に構築されるのである。こうした認知社会学の自己の同一性論は、パーソナリティや人格（キャラクター）の不変性に自己の同一性の根拠を求める本質主義的な自己の同一性論と異なることは言うまでもないが、自己の同一性を共同体の物語の中に埋め込まれる（べき）としたテイラーらの物語的な自己の同一性論とも異なっている。

また、認知社会学の自己の同一性論は、ロックの自己の同一性論と全く対立するものではない。その自己の同一性論は、本質主義的な自己の同一性論とは対立するが、実はロックの自己の同一性論も、魂という実体を語っていた点では構築主義的だとは言えない。一方で、それは、意識あるいは記憶の持続性に同一性の根拠を求めた点では、自己の同一性を本質主義的なものと考えたのではない。その点では、認知社会学の自己の同一性論はロックの自己の同一性論と親和的である。そして、意識、あるいは記憶の持続性による自己の同一性の構築が、物語によってなされると考えることは決して矛盾ではない。なぜなら、（出来事の）記憶は、過去の出来事の「客観的な」記録ではなく、現在の観点から取捨選択的に過去の出来事を物語ることの中で形成されるからである。したがって、ロックの自己の同一性論を物語論で補うことは何ら矛盾ではない。

もう一度、ロックの自己の同一性論、テイラーらの物語的な自己の同一性論、認知社会学の自己の同一性論の三者の関係を整理しよう。物語的な自己の同一性論は、ロックの自己の同一性論を、物語による自己の同一性の構築という視点がないと批判した。しかし、ロックの自己の同一性は物語論と矛盾するものではない。認知社会学の自己の同一性論は、物語的な自己の同一性論でもあるが、一方で、自己の物語による自己の同一性の構築は規範的なものであり、その規範が変われば自己の同一性は決して自明ではないと考えた。その点では、共同体の物語の中での自己の同一性の構築を「あるべきもの」と考える共同体主義の物語的な自己の同一性論と、認知社会学の自己の同一性論は区別される。

また、認知社会学の自己の同一性論は、その構築が具体的な他者を前にして行われることに注目してきた。想起という営みは個人の単独の営みではなく、他者によって補われたり、強制されたりするからである。したがって、ロックが問題とした記憶の「誤り」は、他者による記憶の補いや強制との関連を抜きにして考えることはできない。こうした具体的な他者との関係の中での想起の社会的な営みを見る見方は、共同体の物語のもつ社会性や、ロックが問題とした裁判の社会性とも区別される。その点では、認知社会学の自己の同一性論は、ロックやテイラーらの自己の同一性論とも区別される。

上記の整理をふまえた上で、認知社会学の自己の同一性論の視点から、物語的な自己の同一性論をあらためて位置づけよう。その理由は、テイラーらの物語的な自己の同一性論を評価しているからである。問題は、自己の同一性の構築が、共同体の物語の中に位置づけられる（べき）と考える点にある。すでに他者の縮小については、第4章で言及した。それは、物語論の文脈で言えば、私化、再帰的な個人化、心理化などを含めた個人化が深化する中で、自己を語り、位置づける大きな物語が解体し、物語が個人をめぐるものとなったことを背景としていた。したがって、国家や民族の物語が個人の生を超えた長期的なものであるのに対して、個人化した物語は短期的で、不安定なものとなる。つまり、他者の縮小する中では、自己の同一性の構築は、個人化し、短期化、不安定化するのである。

自己の同一性が物語によって構築されるあり方が個人化、短期化、不安定化する、そのことに注目することが次の課題である。テイラーらは、こうした物語の変化を指摘しつつも、それに対する長期的で包括的な共同体の物語の中で自己の同一性を構築することを「あるべきもの」と主張する。認知社会学の視点は、理論的には物語的な自己の同一性論の立場に立つが、その物語における他者の縮小に注目する点で、テイラーらの立場と異なっている。

次に、物語による自己の同一性の構築の現代的なあり方をより具体的に探るために、エリオットらによる「新しい個人主義」の議論を参照しよう。その作業は、その「新しい個人主義」論を物語的な自己の同一性論と関連づける試みである。その後で、バウマンのアイデンティティ（自己の同一性）論を参照し、それとエリオットの論点の繋がりについて考察しよう。

4　現代社会における自己の同一性の不安定化

（1）個人主義の変容

エリオットはレマートとの共著である『新しい個人主義』（Elliott & Lemert 2006）において、現代における個人主義を、「操作される個人主義」、「孤立した私生活主義」、「再帰的個人主義」、そして、より現代的な個人主義としての「新しい個人主義」の四つに区分した。この四つは、古典的な個人主義に対して「新しい」個人主義だが、ここでは、エリオットの現代的な自己論の核となる、四番目のより現代的な個人主義を「新しい個人主義」としてカギカッコをつけて表記しよう。

四つの現代的な個人主義は、古典的な個人主義に代わる個人主義であった。では、古典的な個人主義とはどのような特徴をもつのだろうか。エリオットは、それをトクヴィルの個人主義論に求めている。つまり、トクヴィルの示した個人主義の担い手は、生産の手段をもつ市民層であり、独自の強固なモラルをもつという点において、自立し、自律した個人であった（Elliott 2013 : 191, Elliott & Lemert 2006 : 10）。

古典的な個人主義の限界が最初に露呈したことを論じたのが、フランクフルト学派の社会学者らによって示された操作される個人主義である。操作される個人主義の直接的な社会的背景にホロコーストに象徴される全体主義的国家の出現がある。しかし、より広い背景として考えられるのが大衆の出現である。大衆は、古典的な個人主義が前提としていた生産手段や強固なモラルをもつことはなく、まさに集塊（マス）としての「特性のない」人間の集まりである（Elliott 2013 : 191, Elliott & Urry 2010 : 68）。操作される個人主義は、一九三〇年代と一九四〇年代のヨーロッパに登場した。それに対して、次に登場する個人主義は、一九五〇年代と一九六〇年代のアメリカ社会に典型的に見られた孤立した私生活主義である。

操作される個人主義が、戦場となり経済的に逼迫したヨーロッパ社会を背景としていたのに対して、孤立した私生活主義は、戦後の豊かなアメリカ社会を背景としている。操作される個人主義が、フランクフルト学派を中心とするヨーロッパの社会学者らによって論じられたのに対して、孤立した私生活主義は、当然のこととしてアメリカの社会学者によって論じられた。孤立した私生活主義とあるように、それは「経済的に豊かな社会がもたらした私生活への指向」と「社会的な孤立」の二側面から成っている。「孤立」という表現は、リースマンの『孤独な群衆』に由来する。つまり、私化は経済的な豊かさをもたらす反面、社会的、政治的な孤立や無関心を伴うものである（Elliott & Lemert 2006：8-9）。そうした私化現象がもたらした個人主義の典型が孤立した私生活主義である。

操作される個人主義、孤立した私生活主義に続く第三の現代的な個人主義が再帰的個人主義である。再帰的な個人主義の特徴は、グローバル化の進展による社会の変化と、それに伴う自己の変容にある。ギデンズは、現代社会としての高次近代の特徴を、グローバル化、メディアによる経験の媒介、そしてリスク社会化の三つに求めた（Giddens 1991：21-22=2005：23-24, 26-28=2005：28-31）(2)。それらによって特徴づけられる高次近代の特徴が再帰的個人主義であり、それは、社会や自己の自明性が崩れることによってもたらされた個人主義である。これらの三つの個人主義は、本書での個人化の過程とも関連している。つまり、その定義は必ずしも一致するものではないが、古典的個人主義が近代的個人化に、孤立した私生活主義が私化に、そして、再帰的個人主義が再帰的個人化にそれぞれ対応する。

（2）「新しい個人主義」とは

では、上記の三つの個人主義と区別される「新しい個人主義」とはどのような特徴をもつのだろうか。とくに、ギデンズらの再帰的個人主義とどう異なるのだろうか。

高次近代の三つの特徴が、社会や自己への再帰性を促進させるとギデンズは考えた。つまり個人は、それら三つの特徴が、自己アイデンティティや親密性に影響を及ぼす劇的な変化に対して、積極的にかかわりをもつようになってきたのである。エリオットは、その点にギデンズの言う自己の再帰性の特徴を求めている（Elliott & Urry 2010：90=2016：121）。「新しい個人主義」も、社会や自己の「再創造（reinvention）」を一つの特徴としている。その点では、社会や自己の再帰性、あるいは再帰的な問い直しに基づくそれらの再構築を高次近代の特徴としたギデンズの見方と共通している。では、両者はどう異なるのだろうか。エリオットは、「新しい個人主義」が再帰的な個人主義と異なる点を二つあげる。一つは、ギデンズの再帰的個人主義が、自己の認知的な再帰性に注目し、感情的で想像的な側面を軽視している点、もう一つは、自己の再帰性のスピードである（Elliott 2013：195-196）。第一の点は、ギデンズの再帰的近代論批判としては定番と言える。エリオットは、「新しい個人主義」の感情的コスト（emotional cost）に注目し、それが自己にもたらす不安や恐れに注目する。一方、スピードとは、再帰性のスピードを意味している。第一の点は、再帰的個人化をより心理的側面からとらえ直そうとするものであり、換言すれば、再帰的個人化のもつ心理化の側面に注目するものと言える。

では、「新しい個人主義」とは具体的にどのような特徴をもつのだろうか。その指標は、自己‐再創造（self-reinvention）、即座の変化、スピード、短期主義あるいはエピソード性の四つである。

自己‐再創造とは、再帰性と同じように、その主体は自己のみに限られるのではなく、社会それ自体の再創造のことも言う（Elliott 2013：196）。一般に、グローバル化は、企業に組織の削減や再編成を求める。企業が、状況に応じて自らを再創造していくことも、自己‐再創造の一つである。こうした自己‐再創造は、現代人がそのパーソナルな生を交渉するように、自己にも当てはまる（Elliott 2013 : 196）。

第二の特徴である即座の変化は、美容整形、心理的セラピー、脅迫的な消費主義などに見られる変化を意味している。中でも、エリオットは美容整形に注目し、それが「新しい個人主義」における自己のあり方の典型だと位置づけている。従来ならば、自己のあり方の変更は、精神的な修練や身体の鍛錬など、長期的な努力を伴う過程をとおしてなされるもの、あるいはなされるべきものと考えられてきた。しかし、「新しい個人主義」の下では、自己の変更は、そうした修練や鍛錬無しに短期的に、即座に行われる。そのことは、美容整形に限らず、心理的セラピー、脅迫的な消費主義などにも当てはまる。心理的セラピーは、必ずしも専門家としてのセラピストの診療を受けることに限られない。第2章や第4章でセラピー文化の拡散を見たように、セラピーをめぐる本やマスメディアをとおしたそれらの知識を参照して自己を再解釈していくことも、セラピーによる自己の変更に当たるからである。また、脅迫的な消費主義とは、商品の購入をとおした自己の変更を意味している。その変更は、ファッションに限られず、家電製品、インテリア、車などさまざまなものに当てはまる。しかも、商品は流行によって常に変わるものであり、人々はそれに乗り遅れないように、脅迫的に購入をせまられる。一方で、自己の即座の変化を支えるものとして、エリオットは消費産業に注目する。「新しい個人主義」の再創造が自己のみに当てはまるのではなく、社会の再創造でもあるように、即座の自己の変化は、自己創造の変化の激しい消費産業によって脅迫的に求められているのである。

第三の特徴は、スピードである。スピードも自己と社会の双方の面に当てはまる。社会的側面では、スピードとは、インターネットによる電子通信技術の発展によって情報がさまざまな境界を超え空間が圧縮される（compressed）ことを意味している。スピードによる空間の圧縮は、企業においては、ジャスト・イン・タイムやローカルな時間の枠を超えた生産に見られるように、生産のスピード化をもたらす。一方、自己の側面では、空間の圧縮が自己の経験を圧搾し急がせる。そのことは、さまざまな生活の場面で見ることができる。インターネット・ショッピングでマウスをクリックするだけですぐ情報や商品が手に入れられるように、スピードは、〈今－欲しい〉の消費資本主義の象徴でもある（Elliott 2013：202）。〈今－欲しい〉の消費資本主義の下では、自己もクリック一つで即座にスピードをもって入手し、更新しうる対象となる。

新しい個人主義の第四の特徴は、短期主義あるいはエピソード性にあった。それは、人間関係や家族、企業などの存続の短期化を意味している（Elliott 2013：204f.）。人間関係の短期化はインターネットによって人間関係の形成が容易になった反面で、その解消も容易になったことに見られるし、家族の短期化は、離婚の増大によって家族が、「どちらかのパートナーが死ぬまで」続くものではなくなり、その存続が短期化したことを意味している。また、企業の短期化は、グローバル化の下で終身雇用が解体したことに見られるように、雇用が不安定化、流動化したことを指している。それらの事態は、経験の選択や創造の機会を広げると同時に、不安、恐れ、つまりは感情の多大なコストを生み出すことになる。そして、重要なことは、それらの事態が、人生の長期的な物語の構築を困難にするという点である。長期的な展望＝物語の下では、さまざまなライフスタイルを選択しストーリー化することができるし、そのことは、家族や人間関係の場合にも当てはまる。一方で、短期主義やエピソード化は、長期的な物語の構築を困難とし、人生は長期的な物語の下で位置づけられるのではなく、その時々の出来事＝エピソードの集塊になる。

以上のように、「新しい個人主義」とは何かを概観してきた。自己の同一性とは何かという観点から言えば、重要な点は、とりわけ第四の特徴である経験の短期主義あるいはエピソード性にある。その論点は、次に見るバウマンのリキッドな近代論と連動している。

(3)「新しい個人主義」とバウマンの自己論

バウマンのリキッドな近代論において注目したい点は、リキッドな近代においてさまざまな集合体が一人の生を超えて持続しなくなり、それが安定した自己の枠組みとして機能しなくなるという指摘である（Bauman 2000c：146=2001：189）。その集合体とは、雇用の場、地域社会、家族を意味している。そのことをあらためて簡潔にまとめておこう（第1章第4節参照）。

雇用の場の変化の特徴は、終身雇用が崩壊し、雇用が流動化、短期化したことにある（Bauman 2000c：146=2001：189, 148-149：193）[(3)]。働く場を次々と変えることによって、住む場としての地域社会は長期的なコミットメントの対象ではなくなり、その結果、リキッドな近代における地域社会は、ゴフマンの言う儀礼的無関心の浸透した場となった。なぜなら、地域へのコミットメントは、特定のイベントの開催などに限られたものになったからである（Bauman 2000a：95=2008：124）[4]。そして、家族も短期化し流動化する。家族の流動化は、雇用の場や住む場の短期化や流動化と連動している。それらの短期化、流動化は、安定した家族の生活基盤を奪うからである。しかし、家族の短期化、流動化はそれだけの要因によるものではない。バウマンは、現代家族の典型をギデンズにならって純粋な関係性に求めている（Bauman 1995：89）。純粋な関係性とは、あくまで人々の選択によって成り立つ親密な関係性を意味している。したがって、リキッドな近代では、家族も、制度的な枠組みを背景として、「どちらかのパートナーが死ぬまで」続くことが自明視されてきた家族ではなくなることになる。

では、上記のような特徴をもつ、雇用の場、地域社会、家族などの短期化、流動化は、自己のあり方にどのような影響をもたらすのだろうか。自己の同一性にとっての重要性は、むしろそこにある。

バウマンの示すリキッドな近代における自己の同一性（アイデンティティ）の特徴は三つに整理されるだろう。その三つとは、現在性、一時性、断片性である（片桐 2011：212–214参照）。第一の現在性は、消費社会の出現、あるいはポスト・フォーディズムの出現を背景としている（Bauman & Benedetto 2004：66–67=2007：106–107, 116–117=2007：74–75）。なぜなら、ポスト・フォーディズムは、消費の需要に応じた生産を背景としているからである。リキッドな近代における消費の論理は、欲望を先延ばし、長期的な計画の下でそれを充足させるというものではなく、今の欲望を即座に充足させることにある。その点で、現在性が重視される。第二の一時性とは、自己の同一性が長期的に持続しないことを意味している（Bauman 2000a：52=2008：73-74, 2000b：142=2008：195）。リキッドな近代においては、雇用の場、地域社会、家族などの集合体が長期的に持続しなくなる、換言すれば、一人の生を超えて持続しなくなる。その結果、それらの集合体は長期的な自己の枠組みを提供できなくなり、人々は、自己をその都度反省的に構築する必要に迫られる。それが一時性の意味することである。そして第三の断片性とは、さまざまな場面での自己の関連性が希薄になることを意味している。そのことを、バウマンは、自己が「ジクソーパズルの切片のようになる」と表現している（Bauman & Bennedetto 2004：47-48=2007：82-83）。ソリッドな近代としてのフォーディズムの社会では、雇用の安定が地域社会や家族の安定を支え、働くことと、地域社会や家族へのコミットメントが時間的にも空間的に連続していたが、リキッドな近代では、それらが切断される。

これら三つの特徴、つまり、現在性、一時性、断片性は、総じて、自己の同一性が物語的なものからエピソード的なものに移行することを意味している（Bauman 2000c：146=2001：189）。注目したいのは、この点である。つまり、リキッドな近代では、自己の同一性は、その現在性、一時性、断片性のゆえに、時間的にも空間的にも相互に編みあわされた物語によって支えられることはなく、そして、その時々の出来事（エピソード）は物語化されることはなく、単なる集塊となる。それが、自己の同一性のエピソード化を意味している。

バウマンの自己論を見たとき気づくことは、「新しい個人主義」との類似性である。エリオットは「新しい個人主義」の特徴として、自己-再創造、即座の変化、スピード、短期主義あるいはエピソード性を指摘した。自己の同一性のあり方に絞って考えれば、それらの特徴は、バウマンの言うリキッドな近代における自己の特徴と重なっている。なぜなら、バウマンの言う現在性は、〈今－欲しい〉の消費社会に対応した即座の変化やスピードに対応するし、一時性や断片性も、安定した自己の同一性の物語化の困難を意味しているがゆえに、短期主義あるいはエピソード性に対応するからである。また、エリオットは、「新しい個人主義」とギデンズの再帰的近代論との差異の一つを、後者の認知中心主義に求め、一方で、「新しい個人主義」の感情的コストを強調した。バウマンのリキッドな近代論やそれに基づく自己論も、その変化が、不安や恐れをもたらすという感情的側面を強調する点で、エリオットの感情的コストの論点と共通している。そして、ここでの議論にとって重要な点は、両者が、何よりも自己の同一性のエピソード化に注目している点である。

最後に、現代社会における自己の同一性をどう考えるかについてあらためて整理して結論づけよう。

5　安定した物語の困難性と自己の同一性

自己の同一性を考えるためにロックの同一性論から出発した。さまざまな留意点はあるにしても、ロックは、自己の同一性の根拠を意識の同一性、あるいは記憶の持続という心理学的な属性に求めた。その見方は、その後の同一性論に肯定的にも批判的にも引き継がれていったが、ここでは、物語的な自己の同一性論に注目した。それは、主には、テイラーやマッキンタイアによって展開されたものである。その視点に基づけば、自己の同一性は意識や記憶などの心理学的な属性によって説明されるのではなく、共同体の物語の中に位置づけられることで構築される。テイラーは、ロックの自己論を、自己を「点的自己」としてとらえるものだと表現したが、物語的な自己の同一性論は、自己を物語という「線」の中に位置づけることでとらえようとした。われわれは、物語的な自己の同一性という考えを支持する一方で、ロック的な自己の同一性の心理学的な説明も、物語的な自己の同一性論と全く対立するものではなく、心理学的な自己の同一性論は物語的な自己の同一性論によって補完され得るものと考えた。物語的な自己の同一性論を批判する点は、それが、国家や民族などの共同体の大きな物語による構築を倫理的にあるべきものとする視点にある。テイラーらは、そのような物語的な自己の同一性の困難を指摘しているが、それはあくまで批判の対象と見なされている。われわれは、自己の同一性を大きな物語によって構築することの困難を、倫理的に批判するのではなく、そのあり方そのものを見つめることで、現代社会における自己の同一性のあり方を探ろうとした。そのために依拠したのが「新しい個人主義」論とリキッドな近代における自己論である。

エリオットは「新しい個人主義」の特徴を、自己 - 再創造、即座の変化、スピード、短期主義あるいはエピソード性の四つに求めた。とくに注目した点は、第四の特徴である短期主義あるいはエピソード性にある。それは、自己の同一性論の文脈で言えば、人生の長期的な物語の中で自己のさまざまな出来事を、過去に遡っても、また将来に向けても位置づけることの困難を意味していた。つまり、自己の同一性は、確かに物語をとおして構築されるが、その物語は長期的で安定したものではなく、短期的で不安定なものとなったのである。そのとき、人生のさまざまな出来事（エピソード）は、長期的で安定した物語によって筋（プロット）が作られるのでなく、断片的なもの、一時的なものとして散在する。それが、エピソード性の意味するところである。そうした、自己の同一性の物語による構築の困難さはバウマンの自己論の指摘するものでもあった。

そのとき考えるべき重要なことは、自己の同一性の構築が、大きな物語によって築かれなくなるがゆえに、その構築が具体的な他者たちとの間で、再帰的に、また自己‐再創造という特徴をもって行われるようになるという事態である。認知社会学の自己の同一性論は、記憶が具体的な他者との相互的な関係の中でその都度補完されたり、強制されたりする事態を指摘したが（片桐 2006：156f. 参照）、長期的で安定した物語が希薄となる中で、短期化し不安定化した自己の同一性の構築は、ますますその場その場での具体的な他者との交渉の中で行われると考えられる。そのことは、物語による自己の同一性の構築そのものを否定するものではない。指摘すべきは、物語が短期化、不安定化し、そうであるがゆえに、物語による自己の同一性の構築がその時々の具体的な他者との関係の中で交渉的に、換言すれば、再帰的に、そして自己‐再創造的に行われるという点である。そうした事態を、自己の主体性（agency）の増大と見るか（ギデンズ）、不安や恐れなどの感情的コストの増大と見るか（エリオットやバウマン）、あるいは、大きな物語の解体による「ほんものの自己」の衰退としてとらえるか（テイラー）は、[5] 意見の分かれるところである。

注

（1）　サールは、ロックの自己の同一性論を、テイラーらの共同体主義からの批判とは異なる視点から批判している。ロックは、現在の自己と過去の自己の同一性を、過去における自己の出来事を記憶している点に求めたが、過去の出来事を想起している意識の担い手としての自己が、過去におけるやはり意識の担い手としての自己と同じだとどうして言えるのか、それがサールの問いである（Searle 2004：ch. 11=2006）。その問いは、ロックが自明とした問いだが、認知社会学はあくまで、一人称的な同一性、つまり、当事者が自己を同一なものとして自覚（aware）しているかどうかを問題にする。

（2）　三つの点について補足して説明しておこう。第一のグローバル化とは「現前と不在の交差」を意味している。それは、〈今とここ〉を意味する現前と、それを超える不在とが交差すること、換言すれば、ローカルなものとグローバルなものが交差することを意味している。グローバル化は、第二のメディアによる経験の媒介と対応している。それは、直接に経験されない出来事や情報がメディアによって伝達されることを意味している。そして、最後のリスク社会化とは、高度に発達した近代科学の成果が同時に偶有性を孕んでいることを指している。

（3）　そのような変化は、第1章第4節でも指摘したように、フォーディズムからポスト・フォーディズムへの移行に対応している。フォーディズムは、少品種の大量生産の仕組みを意味するが、それは、一方で終身的な雇用による一つの企業への生涯をかけたコミットメントを前提とする。それに対して、ポスト・フォーディズムは、多品種少量生産の仕組みを意味している。そこでの生産は、需要に応じて可変的、流動的であるがゆえに、その雇用形態は短期的、流動的である必要がある（Bauman 2000c：146f.=2001：189f.）。

（4）　それが、第2章でも言及したカーニヴァル・コミュニティ、あるいはクロークルーム・コミュニティと呼ばれるものである。追加して説明すれば、カーニヴァル・コミュニティは、スポーツの観戦やお祭りなどの熱狂がもたらすコミットメントによって一時的に生まれるコミュニティであり、それは、ちょうどホテルのクロークルームのように人々が一時的にかかわるものでしかない（Bauman 2000a=2008）。

（5）　第3章でも指摘したように、テイラーは、近代的な自己が「主観主義の坂を滑り落ちる」ことで現代の表現的な自己が形成されたと指摘していた。この点についてのテイラーの見方に関しては、Taylor（1991：ch. 6=2004）を参照のこと。

終章　単線的な個人化を超えて

――ナショナリズムとコスモポリタニズム

ここまで、近代的個人化、私化、再帰的個人化、心理化という個人化の過程をさまざまな角度から展望してきた。そして、第1章で現代的な個人化の過程を社会の消失との関連で論じて以降、その諸過程は総じて社会の消失、あるいは他者の縮小の過程であることを示してきた。今日、私化や現代的な心理化の流れに対抗するものとして社会を復権する動きを見ることができる。さまざまなイデオロギーや宗教も社会の復権の大きな物語を与えるが、ここでは、その代表的な原則をナショナリズムとコスモポリタニズムの二つに求めることにしよう。この二つは、たとえば、EUやアメリカ（合衆国）などで見られるように、個別的（ローカル）な文化に根ざした社会を構築しようとする考えと、人権や平等などの普遍的（コスモポリタン）な原理によって社会を構築しようとする考えとの対立の中に見ることができる。個人化のゆくえは、近代的個人化から現代的な心理化に至る個人化の流れで見てきたように単線的に進むとは限らない。最終章では、個人化の過程が、ナショナリズムやコスモポリタニズムの動きとどうかかわるかを検討する。第1節では、その考察のための理論的な準備を行った後で、コスモポリタニズムの問題を検討し、第2節では、個人化の過程がナショナルなものの復権やそれと並行する複線的な側面をもつことを指摘しよう。

1　認知社会学からの出発

(1) 自己カテゴリー化が社会を構築する

認知社会学の出発点の一つは、自己カテゴリー化論にあった。自己カテゴリー化論は、心理学において集団をいかに説明するかにその出発点がある。従来心理学において、「集団」をどう説明するかに関して二つの立場があった。一つは、群集心理に代表されるように、個人を超えた集団そのものが心＝集団心をもつとする立場である。一方で、集団心や集団というリアリティそのものを否定し、存在するのは個人の心だけであるとする立場がある。前者は、ル・ボンの群集心理やマクドゥーガルの集団心の議論に見ることができ、後者は、オルポートの徹底した個人主義的な心理学に見ることができる（cf. Turner et al. 1987：ch. 1=1995）。

これらに対してジョーン・ターナーは、集団心のように個人を超えた実体的な心を置くのではなく、また、集団というリアリティを否定するのでもなく、集団を考えようとした。その結果生み出された考えが、自己カテゴリー化論である。自己カテゴリー化論の原理は、一見シンプルに見える。序章でも見たように、自己を定義するカテゴリーには、大きく分けて三つのものがある。その三つのカテゴリーとは、特定の個人、集団の成員、人間であった。そして、集団が成立するのは、集団の成員のカテゴリーで自己や他者を定義するときである。たとえば、日本国内にいるときは、日本人がマジョリティであるため、相互を日本人とカテゴリー化することはあまりない。それに対して、海外において日本人に出会ったときに相互を日本人と意識し、そこで何らかの関係ができることはよくあるだろう。このとき、相互を日本人とカテゴリー化することで集団が形成されると考えられる。また、人間というカテゴリーは、人間を人間以外の存在と比較して見るときに用いられる。たとえば、動物や地球外生物に対して人間というように（Turner et al. 1987：45-46=1995：59-60）。このとき、人間としてのまとまりが生じる。一方で、特定の個人として定義するときは、集団は成立しない。このように、自己や他者を個人というカテゴリーでなく、集団の成員というカテゴリーで定義するとき個人を超えた集団が形成される。

この発想はシンプルに見えるが、集団を考えるにあたって革新的な視点をもっている。重要な点は、集団は実体的なものとして存在するのではなく、相互のカテゴリー化によってその都度生み出されるという点である。日本の国内では日本人というカテゴリー化によって相互の関係を作ることは少ないが、海外では日本人というカテゴリーが顕在化し、そのカテゴリー化によって相互の関係が生まれるように、特定の相互行為の文脈に応じてどのようなカテゴリー化が妥当なのかが了解されている。

認知社会学は、このような自己カテゴリー化論を一つの出発点としている。しかし、自己カテゴリー化論の視点を展開するときに大きな問題点がある。それは、自己カテゴリー化論が対象とする集団が準拠集団と同義に考えられ、また、小規模な集団を考察の主な対象としていることである。たとえば、海外で出会う日本人同士の集団が、日本人の少ない状況下で、日本人に出会えて良かったという感情から作られる準拠集団であるように。その点では、家族や職場、学校などの集団を考える場合も、それらが準拠集団と見なされている点では変わらない。こうした、自己カテゴリー化論の限界をふまえて、カテゴリー化が一般に、（小）集団、組織、国家、あるいはグローバルな関係などを含む集合体全般を構築するという点から集合体論を展開しようとしたのが認知社会学の試みである。

（2）ネーションの構築について

自己カテゴリー化論は、カテゴリーの脱個人化が集合体を構築するとしたが、その論理はさまざまな集合体の形成を説明できる。近年、家族とは何かが揺らいでいると言われている。近代家族は、異性間の恋愛によって結ばれた夫婦とその子どもからなる核家族的な構造をもち、「どちらかのパートナーが死ぬまで」続く持続的な集合体と考えられてきた。しかし、今日、同性婚に象徴されるように夫婦を構成する者は誰かという基準は流動化しているし、「どちらかのパートナーが死ぬまで」持続するという原則も崩れつつある。また、愛情の失われた夫婦や親子の関係よりも、ペットとの関係の方が家族の成員として重要だという見方もある。こうした中で、社会問題の構築主義の立場から、ホルスタインとグブリウムは、家族は相互を家族の成員と見なす限りで構築される集合体だと考えた(1)。

つまり、制度的な夫婦関係や血縁関係にある親子でも、対立や不和の中で相互に家族の成員だとは思わないケースもあるだろうし、逆に人間ではないペットや、あるいは将来的にはアンドロイドのようなロボットを家族の成員と思うかもしれない。この発想は、自己カテゴリー化論に通じている。自己カテゴリー化論から家族を考えれば、家族とは、相互を同一の家族の成員のカテゴリーによって定義することで構築される集合体だからである。相互を同一の家族成員のカテゴリーとして定義することで、相互を家族の構成員と見なし、そのことで、他の家族と差異化し、また「家族だから何々すべき」という行動の基準が与えられる。逆に考えれば、相互を家族の成員だとカテゴリー化しなくなれば、その境界や行動の基準は解体する。家族とは、このように「家族とは何か」という定義を共有すること、あるいは、相互を家族の成員としてカテゴリー化することで構築される集合体なのである。

その論理は、家族などの小集団に限らない。カテゴリー化による集合体の構築という論理は、ネーションやナショナリズムの説明にも応用可能である。それに関して、自己カテゴリー化論をナショナリズム論に応用したリーヒャーらの研究がある。彼らのナショナリズム論も、心理学の立場からネーションをどうとらえるかにあった（Reicher & Hopkins 2001：28–29）。従来、心理学におけるネーションの研究は、そもそも研究の対象外とするか、もしくは、国民性などのように個人を超えたパーソナリティや性格を実体的なものとして設定するかであった。それらに代わる視点を提供するのが自己カテゴリー化論である。彼らのネーション研究の出発点は、ターナーの問題関心に対応している。なぜなら、その集合体論も、心理学の集団論が従来、集団というものはなく、あるのはあくまで個人の心だと考えるか、一方で群集心理などの集団心を置いて集団を考えてきた傾向を批判し、それらに対して集団を考える新たな視点を提供しようとしたからである。

自己カテゴリー化論に依拠したネーション論の基本も、カテゴリー化がネーションを構築すると考える点にある。つまり、ネーションあるいはその成員のカテゴリーで相互を定義するとき、そのカテゴリーに属するものと属さないものとの差異が生まれ、また、そのカテゴリーにふさわしい行動を取ることが求められる。

そのことを彼らは次のように言っている。「自らをナショナリティの点から定義することは、自らをそのネーションの世界に住むものと見なすことであり、そのことによって、一連の権利、価値観、人々との結びつきが形成される。そして、このことは、階級、ジェンダー、年齢などのどのカテゴリーにおいても言える」（Reicher & Hopkins 2001 : 47）と。このように、階級、ジェンダー、年齢集団、ネーションなどをカテゴリー化による構築物と考えることは、自己カテゴリー化論を大きく発展させることになり、認知社会学の発想も、そうした展開に対応している。このとき、集合体を構築するカテゴリーとして、人間や人類、宗教、階級や階層、身分、人種、エスニシティなどさまざまなカテゴリーの中で、（政体や国民としての）ネーションを優先する考え方を、以降、ナショナリズムと呼ぼう。このような意味でのナショナリズムは、多くの場合政治的ナショナリズムの形態を取る。

自らをネーションの成員として定義することはネーションの内と外との関係を区分し、権利や価値観などの行動の基準をもたらす。そうしたネーションとしてのカテゴリー化を生み出す一つの大きな要因は、ネーションの過去の共有であるとリーヒャーらは指摘する。過去の共有がネーションを生み出すという議論の背景には、アンダーソンの「想像の共同体」論やホブズボウムの「伝統の創造」論がある。過去の共有には、旗などのシンボルや建物、伝統的な衣装、過去から引き継がれた小説や音楽などの芸術作品が重要な役割を果たしている。しかし、それらの中でもとりわけ重要な過去の共有の手がかりは、過去の物語の共有、つまり歴史の共有である（Reicher & Hopkins 2001 : 17ff.）。その視点は、認知社会学の視点とも共通する。認知社会学は、過去の共有を、集合的な記憶と歴史の二つの側面から検討した。前者のシンボルや建物などが集合的記憶に対応する。認知社会学がそれに付加したことは、歴史という物語がカテゴリー化によって構築されるという点である。認知社会学は、集合体が過去をふまえてどのように構築されるかを集合体の同一性の問題として展開した。そこでは、集合体がそのカテゴリーの下で同一であることを前提として、さまざまな過去の出来事が物語られる産物を歴史と考えた（片桐 2006 : ch. 7）。こうした歴史をさまざまなメディアをとおして共有することは、ネーションという集合体が生み出される重要な鍵となる。

（3）人間というカテゴリー化とコスモポリタニズム

自己カテゴリー化論は、脱個人化が集団を形成すると考えた。相互をネーションの成員と見なすこと、つまりはネーションの成員としてカテゴリー化することがネーションを形成する。一方で、脱個人化の極は人間というカテゴリー化に求められた。それは、他の動物と人間、地球外の生物と人間という対比の中で考えられていた。動物や地球外の生物と人間という対比の事例は、必ずしも現代の社会学的な問いにかかわるものではない。とはいえ、この人間というカテゴリー化の問題は、温暖化や原発の事故などによる地球環境の破壊が人類に危機をもたらすことが差し迫った現代社会において、現実味を帯びてきている。しかし、われわれが注目したいのは、人間というカテゴリー化が社会の構築のあり方と深くかかわる発想をもっているという点である。それが、コスモポリタニズムの問題である。そして、人間という枠で自己をカテゴリー化し、コスモポリタンな社会を想像することは、ネーションという枠で自己をカテゴリー化することで社会を構築することと並んで、自己や社会を考える基本である。

社会学の基本的な方法としてコスモポリタン的な発想をすることの必要性を指摘する社会学者にベックがいる。ベックのコスモポリタン化、あるいはコスモポリタニズム論は、EUにおけるナショナリズムの克服がなぜ困難であるのかという問いに深く結びついている。ベックは、従来の社会学の視点が、ネーションの枠を前提としてきたのに対して、それを超える枠の中で社会を検討することの必要性を指摘し、その転換を、「方法論的ナショナリズム」から「方法論的コスモポリタニズム」への転換と名づけた。こうした転換は、近代初期の時代から現代社会への社会の大きな変化に対応している。ベックは、第二の近代の特徴を四つあげていた。その四つとは、グローバル化、個人化を推進する制度化、性別役割分業の解体、そして自然利用の限界である。グローバル化は、ネーションの枠が流動化する事態を意味しているが、それは、政治的な枠だけでなく、経済的、文化的、宗教的、民族的といったさまざまな枠組みの流動化を意味している。個人化を推進する制度化とは、貧困や医療などの問題を個人単位で解決するような福祉的制度が発達したことを意味している。これと対立する事態は、企業や階級、家族などの単位で、それらの問題に対処することである。性別役割分業の解体は、性別役割分業を前提として「パートナーのどちらかが死ぬまで持続する」ものと考えられてきた（近代）家族が流動化することである。そして自然利用の限界とは、近代社会が生み出した技術による自然の改良というユートピア、一般的に言えば道具的な理性への不信が高まったことを意味している。それは、地球温暖化や原発の事故などによる地球環境への危機意識の高まりに例を見ることができる。つまり、現代社会としての第二の近代とは、グローバル化を前提として、国家、階級、職場、地域社会、家族などの第一の近代が残した安定したゲマインシャフトが流動化し、それらが人生の指針やアイデンティティの枠とはならなくなった事態を意味している（Beck et al. 2001：20–24）。

第二の近代としての現代社会の特徴をふまえて、ベックは、現代のコスモポリタン化のあり方を以下のように説明している。つまり、コスモポリタン化とは「市場、国家、文明、そして何よりもさまざまな民族の生活世界と宗教を隔ててきた明確な境界線が浸食され、同時にそこから異質な他者との、意図せざる衝突が世界規模で発生している状態」である（Beck 2008：93–94=2011：102–103）。こうしたコスモポリタン化の説明は一見グローバル化と似ている。しかし、グローバル化が、ナショナルなものが内側にあり、その外側にインターナショナルなもの、グローバルなものが外皮として覆っているという「玉葱モデル」を前提にしているのに対して、コスモポリタン化はそれらの二項対立的な考えを廃して、境界の混交、乗り超え、引き直しの新たなあり方をとらえた点で、両者は異なっている。そして、コスモポリタン化は、「人間の頭越しに、どこか外部のマクロ領域のなかで進行するのではなく、人間の内面の最も奥深くで、つまり、神、世界、自分自身との関係のなかで進行する」ものだとベックは言っている（Beck 2008：94, 101–102=2011：103, 112–113）。

ベックのコスモポリタン化論について概観した。脱個人化論とコスモポリタン化の関連を問う際に重要なことは、コスモポリタン化が個人化と密接に結びついているという点である。先に見たように、第二の近代の一つの特徴は、個人化を推奨する制度化であった。それは、従来、階級や職場、家族などで担われてきた福祉に代わって、その単位が個人に移行するという過程を意味していた。ここで注目したい点は、そのことと無縁ではないが、それと同じではない。注目したい点は、個人化が自己や社会をどう見るかという基本的な人間観、社会観の認識に与える効果である。

ベックは、デュルケムが、個人化とコスモポリタン化の結びつきを先取りしていたとして、デュルケムを引用している。つまり「人々は現在すでにほとんど到達している状態、すなわち同じ社会グループの成員が人間としての特性以外に共通性をもっていない状態に向かって一歩ずつ進んでいく」と（Beck 2011：25）。この引用の意味するのは、人間が、国家、地域社会、階級、家族などの個別的な集合体の成員として自己を認識するのではなく、それらに還元しえない人間という共通項によって相互を認識するという事態である。このとき、人間が所属する社会は、個々の個別的な集合体ではなくそれらを超えた普遍的な社会ということになる。そのような社会がコスモポリタン社会である。ベックは、コスモポリタン化が「人間の内面の最も奥深くで、つまり、神、世界、自分自身との関係のなかで進行する」ものだと指摘していた。つまり、コスモポリタン化は、自己観や社会観において根本的な変化をもたらす現象なのである。

個人化とコスモポリタン化を結びつけて考える見方は、デュルケムに限らずジンメルにも見られたし（片桐 2011：30-31 参照）、あるいはまた、本書で見てきたように、テイラーの近代社会や自己についての議論（第3章）、丸山の近代的個人についての議論（第4章）にも見ることができた。コスモポリタン化の図式によれば、近代社会は、身分や家柄、村落的共同体などの個別的な属性から人間を解放し、人間というカテゴリー化を可能としたのである。しかし、第一と第二の近代の図式に従えば、第一の近代では個人化した社会の枠組みは国民国家を前提としていたが、第二の近代である現代社会は、グローバル化によって国民国家の枠が流動化し、個人化＝コスモポリタン化の条件は、第一の近代に比してさらに進展したと考えられる(2)。

ベックは、コスモポリタン化の重要な特徴を個人化ととらえ、それを、個別的な集合体の成員としてではなく、人間として認知することで形成される過程ととらえ、そのような認知の下で形成される社会をコスモポリタン社会と呼んだ。言い換えれば、コスモポリタン社会は、自他を個別的（ローカル）な集合体の成員としてカテゴリー化するのではなく、人間という普遍的、コスモポリタンなカテゴリーを相互に付与することで形成される社会である。そのことは、脱個人化の一つの極が人間というカテゴリー化にあるとした自己カテゴリー化論の指摘にも対応している。

一方で、ベックの提唱するようなコスモポリタン社会が現代社会において実現可能かについては多くのハードルがある。なぜなら、本書で一貫して示してきたように、現代社会の趨勢が、社会の消失や他者の縮小という特徴を示す私化や現代的な心理化の方向に向かっているからである。そのことは、テイラーや丸山も自覚していた。

そして付け加えておくべきことは、今日におけるコスモポリタニズムの困難はそれらの論点に留まらないという点である。ポスト・ヒューマン論を展開する哲学者のブライドッチは、近代的人間、あるいは個人は、男、白人、大人、キリスト教徒を前提とするものであり、それは、西洋社会の個別的（ローカル）な人間像でしかないと指摘する。それに対して、女、多様なエスニシティや宗教、子ども、あるいは他の生物種やロボットなどを含めた新たな人間、あるいはポスト・ヒューマンの概念の構築が必要だと主張する（Braidotti 2013 : ch. 1, ch. 2）。その主張は、近代的人間像を批判した、フーコーを含めた構造主義やポストモダニズムを背景としている。また、言うまでもなく、ナショナリズムや民族主義の復権の中でコスモポリタニズムのあり方が問われていることも、今日のコスモポリタニズムの抱える大きな困難の一つである。

また、コスモポリタン化やコスモポリタニズムの可能性を考えるとき、「現実」としてのコスモポリタン化と「主義」としてのコスモポリタニズムとを区別して検討することは重要な視点である。これらの論点を含めて、コスモポリタン化やコスモポリタニズムへの問いは現代社会を考える重要な鍵となっている。

2　個人化とナショナリズム

（1）個人化と社会の消失

今までの議論を整理しておこう。われわれの認知社会学の出発点の一つは自己カテゴリー化論にあった。自己カテゴリー化論は、脱個人化が集団を構築すると考えた。そして、集団の成員としてカテゴリー化するとき集団が構築されるとする自己カテゴリー化論を基本的には評価しつつも、その発想は準拠集団に限らず、さまざまな集合体全般に当てはまるとわれわれは考えた。その視点に立って、カテゴリー化によるネーションの構築という事態を検討した上で、脱個人化の一方の極にある人間というカテゴリー化も、コスモポリタン社会の構築をもたらすことを指摘した。このように、どう自己や他者をカテゴリー化するかがさまざまな集合体を構築するという発想に認知社会学の基礎がある。その二つの極、つまり軸の一方に、特定の個人があり、その対局に人間というカテゴリー化がある。その二つの極、つまり人間と特定の個人との間に、家族やネーション、エスニシティなどのさまざまな集合体の成員のカテゴリーが位置づけられる。本書で示してきたことは、この図式に従えば、現代社会では、カテゴリー化が、軸の一方の極である特定の個人、あるいは、さらに還元され細分化された心やソーマ化した属性に移行していると言える。

本書では、自己や社会の変化を、近代的個人化、私化、再帰的個人化、心理化をキーワードとして描いてきた。その変化は、この軸を用いてあらためて説明するなら、一方の軸であるコスモポリタン的な社会や自己のあり方から、一方の極である心理化やソーマ化への移行と説明される。それは、社会の消失あるいは他者の縮小の過程に対応する。

近代的個人化は、家族、身分、職業的な集団、村落的共同体などから個人を解放する一方で、大衆社会論が典型的に描いたように、人間の孤立や疎外をもたらしたと言われている。その記述は原則的に正しいとしても、われわれは、近代的個人化がナショナルな側面に限られず、ナショナルなものを超えたコスモポリタン的な特徴ももっていることを指摘した。つまり、近代的個人は、個別的な家族や村落的共同体などに自己を帰属させるのではなく、人間そのものに自己を帰属させること、言い換えれば、人間としてカテゴリー化することによって自他を解釈し行為する存在として特徴づけられる。このとき構想される社会は、家族や村落的共同体などを超えたナショナルなものであるが、それは、一方でナショナルなものをさらに超えた、人権などの普遍的な原理によって構築される社会でもあった。そして、近代社会の成立期に遡る心理化も、普遍的なものとしての近代的個人や社会の像と親和的であると考えられる。なぜなら、心は、さまざまな個別的属性を排除された究極の点的自己だからである。

一方で、私化は、アイデンティティの対象が公的領域から私的領域に移行することを意味していた。公的領域とは、国家的な官僚制や産業的な領域を意味している。つまり、私化とは、国家や仕事が生きがいの上で重要性を失い、家族や友人などの親密な関係がそれに代わる現象であった。この変化は、言い換えれば、自己のカテゴリー化が、親密な他者との関係を基盤として行われるようになることを意味している。一方で、再帰的個人化は、自己カテゴリー化の軸から言えば、ギデンズの純粋な関係性の議論に見られるように、親密な関係が、家族などの制度的な枠の規定からより自由になり、パートナーの意思に関係が依存する傾向がより強まる点で、カテゴリー化の軸は私化よりも、制度的な枠に拘束されないという意味で、一方の極の個人により近づく現象だと言える。

現代的な心理化は、三つの側面をもつものであった。それは、管理的な心理化、自己実現の心理化、人間関係における感情意識化である。心理化の統治的な作用や抑圧的な側面に注目する見方、心や精神の中を探ることで自己実現が可能と考える見方、そして、人間関係を、心や精神を配慮することによって構築されると見る見方、これらの心理化の見方がそれぞれの三つの側面に対応する。これらは、それぞれ異なる特徴をもっているが、心や精神をめぐる語彙が意味づけや行動の枠組みとされる点で共通している。言い換えれば、心や精神がカテゴリー化の基軸となったのである。

心理化の傾向を自己のカテゴリー化の軸で考えるとき留保すべき点が二つある。一つは、心が「個人」に対応するかどうかという点である。[3] 個人は"the individual"という表記が示すようにもうこれ以上分割しえない人間という意味を含んでいた。一方で、心や精神はその個人を構成する要素と考えられ、個人をさらに分割した下位のカテゴリーと考えられる。この点で、個人と心や精神は区別されるし、心理化は個人化の一つとして考えられると同時に、それをさらに超えるものとも考えられた。もう一つは、自己カテゴリー化論では、脱個人化が集団を構築するとされ、特定の個人というカテゴリー化は集合体を生まないとされていた点である。心や精神が個人をさらに分割した下位的な要素であるなら、心理化は集団を構築しないことになる。しかし、必ずしもそうとは言えない。なぜなら、心理化は集合行動と無縁ではないし、そもそも、心や精神へのカテゴリー化は、社会的な問題への対処や、自己実現の探求、人間関係の構築において、社会の構築の重要な鍵となっているからである。これら、二つの留保をふまえて言えば、心へのカテゴリー化は現代社会のあり方を問う上で重要である。さらに付言しておくべき点は、個人が心や精神に分解されるだけでなく、それが遺伝子やゲノムなどの分子生物学的な要素にさらに分解される傾向が見られる点である。それは、ローズの指摘したソーマ化の現象を意味している。

以上のように、本書で検討した社会の変化を自己カテゴリー化の軸で言えば、近代的個人がもっていたような普遍的、コスモポリタン的なカテゴリーから、私化に見られたような親密な自己や他者などのカテゴリーをへて、再帰的な働きかけの主体であり対象でもある自己、あるいは心理化やソーマ化の現象に見られた心や精神、ソーマ的なカテゴリーへと、カテゴリー化や、それに伴う社会のあり方が単線的に変化してきたのである。総じて言えば、それは、社会の消失、あるいは他者の縮小を意味していた。この見方は、あくまで、現代社会を見る一つの理念型的な枠組みとして提出したものである。しかし、個人化のゆくえは、こうした単線的な図式ですべて説明しうるだろうか。最後に、ナショナルなものの復権と並存のあり方について考えよう。このとき、ナショナルなものの復権とは、他のカテゴリーを排してネーションのカテゴリーを優先するという、先に示したような（政治的）ナショナリズムの復権を必ずしも意味しない。

（2）ナショナルなものの復権と並存

個人化とナショナルなものの復権

今日、ＥＵやアメリカ合衆国での、新たな移民や難民の増大に対するナショナリズムの復権にも見られるように、グローバル化への揺り戻しとして、それらを含めたより広い意味でのナショナルなものへの回帰が指摘されている。それは日本においても例外ではない。スポーツの国際試合での日本チームへの応援やマスメディアでの日本賛美の番組に見られるようなプチ・ナショナリズム（香山 2002, 2015）に始まり、戦後民主主義に基づく「自虐史観」を批判し新たな戦後史を構築しようとする歴史の書き換えを目指す動きに至るまで、その傾向にはさまざまな幅がある。同じく戦後民主主義を批判し新たなナショナリズム、あるいはナショナルなものの復権を主張する先崎彰容は、その復権の根源が不安にあるとし、理論的右翼と言われた葦津珍彦の次のような言葉を引用している（先崎 2013：216）。すなわち、「私たちは孤独を抱えて不安になると、何かにすがりたくなる。不安を解消しようとすれば『強大なもの』の言いなりになろうとする。今後、ますますあやしげな宗教やカリスマ性を帯びた政治家が登場するだろう。それに私たちは心を奪われるだろう」。この指摘は昭和四〇年代のものだが、その内容は、バブル経済が破綻し、グローバル化が進行する今日の社会においてますます現実味が増していると先崎は指摘する。

本書で検討してきたような、近代的個人化→私化→再帰的個人化・心理化という個人化の深化は、制度的な枠組みから個人を自由にするという側面をもつ一方で、自己のさまざまな問題を位置づける社会的な枠組みを奪う（＝自己の不安定化）という二面性を含んでいた。しかし、その傾向をどう評価するかにかかわらず、一連の個人化の傾向は、自己を位置づける強固な枠組みが希薄化する現象でもあったという点では変わらない。そうした個人化の傾向が反面でナショナリズムやファシズムのような強固な他者の復権を伴うという指摘は、今に始まったことではない。丸山も、原子化が一面で権威主義になびくことを指摘し、次のように言っている。「原子化した個人は、ふつう公共の問題に無関心であるが、往々この無関心が突如としてファナティックな政治参加に転化することがある。不安と孤独を逃れようと焦るまさにそれゆえに、このタイプは権威主義的リーダーシップに全面的に帰依する傾向にある」と（丸山 1968：374）。このとき、原子化とは、私化と同じように政治的には無関心である一方で、私化とは異なって政治的な権威に対して求心的な傾向を意味していた（丸山 1968：372）。

個人化の深化が自己のあり方の不安定化をもたらし、その反動として強固な自己の枠組みを求めるという図式は、今日の日本における「ナショナリズムの復権」を説明する有効な図式と思われる。しかし、先崎は、昭和四〇年代の言説を引用しているし、丸山の個人の析出論の対象は二〇世紀初頭の戦前の社会でもあったことからも理解されるように、この図式は現代の社会にのみ当てはまるものではない。むしろ、その図式の典型は、戦前のドイツのファシズム研究に見ることができる。

フロムのファシズム論については序章でもふれたが、そのファシズム研究の典型である「自由からの逃走」論をもう一度詳しく見てみよう。そこでの基本的な見方は、個人化が権威主義的なパーソナリティを生んだとするものである。個人化とは、個人が第一次的絆（媒介的関係）から解放される過程を意味していた（Fromm［1941］1965：44-46=1958：38-40）。フロムは、この第一次的絆からの解放が、一面では自由や独立をもたらす一方で、孤独や不安をもたらすと指摘する。権威主義的なパーソナリティとは、マゾヒズムとサディズムの二つの側面をもっている。マゾヒズムとは、自分に対して圧倒的に強いと感じられる他者や力に服従しようとする性向であり、サディズムとは、他者を自分に服従させ、搾取し、苦痛を与えようとする性向である（Fromm［1941］1965：163=1958：160）。しかし、個人化と権威主義的パーソナリティは常に不可避的に結びつくわけではない。戦前のドイツで、第一次的絆の解体による権威主義的パーソナリティが生まれたのは当時のドイツに固有な社会状況があったからだとフロムは指摘する。その固有な状況は三つある。第一は、第一次世界大戦での敗北による多額な賠償金返還がもたらした経済不況である。そして、第二は、ワイマール共和国の成立に象徴されるように、敗戦によって、国家体制が君主制から共和制に代わり、皇帝が退位したことである。このことで、市民の心理的な支えとして機能してきた「堅い岩」が打ち砕かれたとフロムは言う。第三点は、父親の権威と伝統的なモラルによって支えられてきた家族が解体することで、中間層の精神的な安定が崩れたことである（Fromm［1941］1965：239-240=1958：236-237）。このような条件下で、市民は、その不安や孤独から逃れるために、ナチズムという強い他者にマゾヒスティックに依存し、一方で、その心理的なはけ口をユダヤ人にサディスティックに向けたのである。

自己カテゴリー化の私化や心理化はナショナルなものによる自己のカテゴリー化を復権させるかどうかという問いが、この節の出発点であった。第一次的絆の解体、つまりは、媒介的関係の解体がナショナルなものやファッショなものへの依存をもたらすという図式は、確かに他のファシズム研究にも共通して見られるし、丸山の指摘もそうしたファシズム研究と共通している(4)。現代的な心理化が、心や精神に解釈や行動を還元するものであれば、それは究極的な媒介的関係の解体を意味している。とすれば、心理化はナショナリズムやファシズム、あるいは広い意味でのナショナルなものの復権をより容易にもたらすのだろうか。現代社会における不確実性や不安定性にさらされた個人は、自らの内側へと向かうと同時に、その生きづらさへのはけ口を何らかの強い他者に求めるのだろうか。

共産主義に対するリベラルな民主主義の勝利を謳った『歴史の終わり』の中で、フクヤマは、リベラルな民主主義が「人間」を終わらせたと指摘している（Fukuyama 1992 : pt. 5=2005）。このとき人間とは、ニーチェの言う「最初の人間」であり、それに対比される人間が「最後の人間」である。最後の人間とは、「共同体での生活が衰退し、私的な充足を求めるだけで、より高い目標を求める気概を失った」消費志向の人間であり、最初の人間とは、それとは反対に、私的な充足を否定して威信のために共同体の戦いに生命を賭ける人間である。現代のリベラルな民主主義が生んだのは最後の人間であり、それはいずれ最初の人間に取って代わるとフクヤマは予言する。最後の人間が私化や心理化した自己に当たるとすれば、その自己は、その反動としてナショナルなものや普遍的な価値に生命を賭ける最初の人間に取って代わるのだろうか。

現代社会の不確実性や不安定性についての議論やフクヤマの循環的な歴史観は示唆的ではあっても、ナショナルなものの復権を単純には語りえない。むしろ、フロムが指摘していたように、個人化の深化は権威主義的パーソナリティを不可避的に生み出すわけではなく、特定の条件が加わったとき、両者は結びつく可能性をもつと考えた方が妥当だろう(5)。

個人化とナショナルなものの並存

個人化の深化への反動として、ナショナルなものが復権するかという問いを検討してきた。次に、単線的な個人化を超えるもう一つの側面を考えよう。心理化は、現代的な現象であると共にその起源は一九世紀の心理学の成立当時やさらには近代社会の成立期に遡る現象であったし、デュルケムやジンメルらの社会学者たちがとらえた近代社会のコスモポリタン的な特徴は、グローバル化の進展する社会の下でベックがその復権を主張していた。また、第3章では、パーソナリティ概念をめぐって、二〇世紀の豊かなアメリカ社会を背景とするオルポートの個人化されたパーソナリティ概念と、ファシズムの影響下で生まれた国民性などの集団化された概念との間に拮抗があったことを指摘した。その点を考えれば、個人化の過程は決して単線的なものではない。しかし、ここで検討すべきことは、排外的なものとしてのナショナリズムの復権ではなく、個人化と広い意味でのナショナルなものが同時に並存するかという点である。つまり、私化や心理化などの個人化の深化した現象とナショナルなものが複線化しかつ並存するのか、という問いである。

この点に関して、小熊英二は、日本の高度経済成長期、つまりは、個人化の過程で言えば、私化の時代において、ナショナルなものへの志向性が並行して強かったことを指摘している。元来、私化は定義からすれば、生きがいなどの意味づけやアイデンティティの対象が、国家や仕事などの公的領域から、家族や友人関係などの親密な関係に移行する現象であった。したがって、私化現象の下では、ナショナルなものへの志向性は希薄なはずである。これに反して、小熊は、高度経済成長期における「民族への自信」と「私生活志向」はコインの裏表の現象であると指摘する（小熊・上野 2013：215）。このとき、民族への自信に示されるナショナルなものへの志向は、国家に貢献するとか、あるいはそのような貢献を生きがいの基盤とするような意味での政治的ナショナリズムを意味しない。そうではなく、その意味するのは、日本が経済的な大国になったことを背景として生まれた民族の自信であり、前者が政治的ナショナリズムであるとすれば、後者は「文化的ナショナリズム」だと言える。

私生活志向、あるいは私化が進展する一方で、その背景として文化的ナショナリズムが見られたという指摘は、一般に日本文化論を文化的ナショナリズムの問題として位置づける議論に見ることができる。その中でも、青木保は戦後の一連の日本文化論の系譜をたどることで、早くからそのことを指摘していた（青木 1990，吉野 1997 参照）。

高度経済成長期における日本文化論の特徴は、「肯定的特殊性の認識」と呼ばれる。戦後から高度経済成長期までの日本文化論が、西洋社会に比べた日本文化の特徴を劣ったものとする「否定的特殊性の認識」だったのに対して、高度経済成長期の日本文化論の特徴は、その特殊性を日本社会の成長を支える点で肯定的なものと見なしたのである。そして、青木は、高度経済成長期のただ中の一九七〇年代を日本文化論の時代と呼んだ（青木 1990：114）。

肯定的特殊性として特徴づけられる日本文化論の一つの典型は浜口の西洋的な個人主義と日本的な「間人主義」の対比に見ることができる（第5章注（1）参照）。このとき、個人主義が「自己中心主義」、「自己依存主義」、「対人関係の手段視」という特徴をもつのに対して、間人主義は、「相互依存主義」、「相互信頼主義」、「対人関係の本質視」という特徴をもっている。この対比は、従来の日本文化論の特徴づけとそう大きく異なるものではない。異なる点は、その対比への評価である。青木は、その点を、浜口を引用して次のように指摘している。「日本人に生来的に自己主張が欠如しているのではなく、したがって自己のアイデンティティが確立していないのでもない。ただその自我の表出が、西洋人のように剝き出しのものとならず、社会的に高度に洗練された形態をとるにすぎないのである。このように考えると、伝統的に連帯的自立性を示す日本人が、あえて西洋的個人主義を理想としなくても、近代的な生活を営む上で何も障害となるものはない」（青木 1990：111）。このように、浜口は、西洋的な個人主義に対して日本的な集団主義を前近代的な遅れたものと見るのでなく、むしろ、それ自体を日本固有な特徴として肯定的に見ようとした。こうした見方に典型的に見られる「肯定的特殊性の認識」は、この時代には、日本人による日本文化論のみならず、ヴォーゲルの「ジャパン・アズ・ナンバーワン」という見方に象徴されるように、海外の日本文化論にも共通して見られる認識であった。

肯定的特殊性の認識が、高度経済成長期の日本人の精神的なバックボーンとなっていたことは推測される。そうした認識が自民族中心主義の特徴をもつ文化的民族主義の産物であることを青木は指摘している（青木 1990：135）。この指摘からすれば、私化の時代に対応する高度経済成長期は、生きがいなどの意味づけの対象が公的領域から私的領域に一元的に移ったのではなく、一方での私化現象が文化的ナショナリズムによって支えられていたと言えるし、その支えがあったから、人々は公的領域に無関心のままに、私的な世界での、生きる意味やアイデンティティの探求に専念できたとも言える。その点では、私化とナショナルなものへの志向性は同居しており、個人化の過程は単線的なものではなく、複線的かつ並存的な過程と考えられる。もちろん、文化的ナショナリズムは、政治的ナショナリズムとは同じではない。この区分に基づけば、私化を、並存的で潜在的な文化的ナショナリズム、あるいはナショナルなものへの志向性としての肯定的特殊性の認識が支えていたと考えられる。

私化の時代に比べて、現代的な心理化の進展する今日の社会では、経済的な不況や格差社会の進展によって、安定した職場や地域社会、家族などの媒介的関係がより不安定化しているとすれば、その不安定さを補うために、私化の時代よりも顕在的で排外的なナショナリズムを人々は求めるのだろうか。その問いは、今日における個人化、とりわけ心理化とナショナルなものの関係を問うために重要な鍵である。

また、個人化とナショナルなものの並存という視点は、第2章で扱った「心のノート」における民族や国家を心の点から見る見方にも求められる。なぜなら、自己が心の問題とされるように、民族や国家が郷土愛や愛国心などの心（＝集団心）の問題とされているからである。そこでは、自分に向かう心の働きは民族や国家に向かう郷土愛や愛国心と媒介的関係を経ること無しに連続的なものと位置づけられている。一方で、ポピュリズムも個人とナショナルなものを無媒介的に結びつける典型である。宇野は、二〇〇〇年代の小泉現象について次のように指摘する。「〈公〉と〈私〉を無媒介に接続するという小泉首相以来の手法は、現在しばしば論じられる、『この私』へのこだわりから突如『愛国心』へ短絡してしまう傾向と、表裏をなしているのかもしれ」ないと（宇野 2010：112）。こうした動向が、私化や心理化への反動として生じ、私化や心理化に取って代わるのか、あるいは、複線的にそれらと並存するのかは、これからの社会を見る上で重要な鍵となる。

本書では、個人化の過程を基本的に単線なものとして描いてきた。終章では、現代的なコスモポリタニズムあるいはコスモポリタン化のあり方や、ナショナルなもの（あるいはナショナリズム）の復権や並存のあり方について検討した。個人化の議論は、コスモポリタニズムやナショナリズムの議論と対立するものでも無関係なものでもない。個人化論は、むしろそれらの現象の背景を解明し、分析する鍵として、ますます重要性を増している。また逆に、個人化の過程をめぐる議論は、今日、コスモポリタニズムやナショナリズムをめぐる議論によって深められる必要性が増している。

注

（1）グブリウムらは、離婚の調停において、夫婦、親、子が家族の成員のカテゴリーを用いて相互をどのようにカテゴリー化し相互行為を達成するかという点から、家族とは何かを具体的に検討している。グブリウムらの家族論についてはGubrium & Holstein（1990）を参照のこと。

（2）コスモポリタン社会の特徴として、ベックは記憶や歴史の欠如について指摘している。すでに指摘したように、ネーションは成員が集合的な記憶や歴史を共有することで集合的なアイデンティティを構築するものと考えられた。それに対して、コスモポリタン社会はネーションとは異なり、そうした集合的記憶や歴史を共有せず、むしろ未来が伝統となるとするベックの指摘は、ナショナルなものとコスモポリタン的なものの違いを考えるときに重要である（Beck 2000=2002：28f.）。また、コスモポリタニズムやリベラリズム全般の議論については、西原（2016）で体系的に説明されているので参照のこと。

（3）この場合の「個人」は、自己カテゴリー化論で言う社会性を欠くという意味での「特定の個人」ではない。そうではなく、さまざまなカテゴリー化によってこれ以上分割できない個人（the individual）という意味をもつものである。

（4）社会学の分野では、フロムに対するもう一人のファシズムの研究者としてマンハイムが有名である。マンハイムのファシズム論については片桐（2011：82f.）で解説しているので参照して欲しい。

（5）私化や心理化は媒介的関係を細らせたことは否定できないが、それを全面的に解体したわけでもないことに注目する必要がある。私化においては、家族や親密な関係、あるいは日本の場合はとりわけ「会社」が媒介的関係として機能していたし、現代的な心理化においても、対抗文化の集合的探求や自助グループの活動は媒介的関係を基盤としていた。また、一九九〇年以降に位置づけた統治性としての心理化においては、確かに孤立や無縁化が進行したが、一方で、ローズが指摘したように、コミュニティが統治の単位として利用されている。

あとがき

　私の社会学への主な関心は二つある。一つは、理論的な関心で、具体的にはシンボリック相互行為論やシュッツの現象学的社会学への関心である。これらの理論を学ぶことで私の社会学研究ははじまった。それらの理論は、普通の人たちの視点から自己や社会をとらえようとした点で新鮮だった。そして、もう一つの関心は、現代社会への関心であり、具体的には私化現象にあった。私は、一九六〇年代から一九七〇年代のはじめに小学校の高学年から大学生活を経験した。その時代は、政治的に社会が大きく揺れた時代であった。それに対して、その後の時代では社会的（あるいは政治的）な関心が後退し、消費志向的な関心が増大していった。そのような社会の変化の実態は何なのか、そのような変化はどうして起こったのかを、知りたいと思ったことが社会学へのもう一つの関心である。

　本書は、この私の二つの関心を組み合わせたものである。前者の理論的な視点は、すでに前著で「認知社会学」として整理し、後者の関心は、私化を含めた個人化の過程として今回あらためて包括的に展開した。また、前著の『認知社会学の構想』（二〇〇六年）を出版した際に、ある書評で、「認知社会学」は現代社会の分析にどのように応用可能なのかを問われたことがあった。その問いはそれ以来胸につかえる宿題であったが、その宿題として課せられた問いに答えることも、本書を出そうと思った大きな動機である。その点で、前著が「認知社会学の構想」の書であるのに対して、本書は「認知社会学の展開」の書でもある。

なお、本書の各章の出典は以下のとおりである。

第1章　個人化と社会の消失――私化・心理化・再帰的個人化をめぐって
「個人化と社会の消失」『立正大学大学院研究科紀要』三一、二〇一五年

第3章　心理化の歴史過程――心理化の起源を求めて
「『社会的なもの』と『心的なもの』――心理化をとおして見る自己と社会」『心理学評論』五七(三)、二〇一四年

第6章　自己の同一性とその不安定化――個人化と物語論の視点から
「自己の同一性とその流動化――個人主義化と物語論の視点から」『立正大学文学部論叢』一三九、二〇一六年

第1章と第6章は、元の論文に八割程度依拠しているが、第3章に関しては、大幅に書き換えており、元の論文には六割程度依拠している。

また、第4章の「戦後の日本における個人化」と同じ課題で今まで二つの論文を書いてきた。その

一つは、「日本における自己の『語り』の変遷——人間類型の変遷をとおして」（片桐雅隆『自己と「語り」の社会学』第5章、二〇〇〇年、世界思想社）、もう一つは、"The Three Selves in Japanese Society: individualized, privatized and psychologized selves", Elliott, A., M. Katagiri & A. Sawai eds., 2013, *Routledge Companion to Contemporary Japanese Social Theory*, Routledge. である。これら三つの論文は、内容的に二、三割程度重なる部分もあるが、それぞれ独立した論文である。また、それ以外の章は、すべて書き下ろしである。

今回の本は、ミネルヴァ書房から出版させていただいた。専門書の出版事情がますます悪くなっている中で出版の許可をいただいたことは、研究をしている人間にとって大きな励みである。ご尽力いただいた、編集部の涌井格さまと、ミネルヴァ書房にあらためて感謝の意を表したいと思います。

二〇一七年五月

片桐雅隆

《著者紹介》

片桐雅隆（かたぎり・まさたか）

1948年　生まれ
1978年　東京都立大学大学院社会科学研究科博士課程単位取得退学
その後，大阪市立大学，中京大学，静岡大学，千葉大学を経て
現　在　立正大学文学部教授，千葉大学名誉教授，博士（文学）
専　攻　社会学理論，自己論，現代社会論
著　書　『プライバシーの社会学——相互行為・自己・プライバシー』1996年，世界思想社
『自己と「語り」の社会学——構築主義的展開』2000年，世界思想社
『過去と記憶の社会学——自己論からの展開』2003年，世界思想社
『認知社会学の構想——カテゴリー・自己・社会』2006年，世界思想社
『自己の発見——社会学史のフロンティア』2011年，世界思想社
ほか
編　著　Elliott, A., M. Katagiri & A. Sawai eds., 2013, *Routledge Companion to Contemporary Japanese Social Theory,* London: Routledge.
ほか
翻訳書　ブルーマー，H.『産業化論再考』（共訳）1995年，勁草書房
ストラウス，A. L.『鏡と仮面』（監訳）2001年，世界思想社
エリオット，A.『自己論を学ぶ人のために』（共訳）2008年，世界思想社
ほか

叢書・現代社会のフロンティア㉖

不安定な自己の社会学
——個人化のゆくえ——

2017年10月1日　初版第1刷発行　〈検印省略〉

定価はカバーに
表示しています

著　者　片　桐　雅　隆
発行者　杉　田　啓　三
印刷者　江　戸　孝　典

発行所　株式会社　ミネルヴァ書房
607-8494 京都市山科区日ノ岡堤谷町1
電話代表（075）581-5191
振替口座 01020-0-8076

共同印刷工業・新生製本

ISBN978-4-623-08101-1
Printed in Japan

人名索引

あ 行

か 行

さ 行

た 行

な　行

は　行

ま　行

や　行

ら　行

事項索引

た　行

な　行

は　行

ま　行

や　行

ら　行

文　献

A

阿部謹也，1995，『「世間」とは何か』講談社。

安倍能成，1966，『人生をどう生きるか』講談社。

青木保，1990，『「日本文化論」の変容』中央公論社。

浅田彰，1983，『構造と力』勁草書房。

浅野智彦，2013，『「若者」とは誰か』河出書房新社。

Allen, J.,［1992］2009, *As a man Thinketh,* New York: Penguin.（＝2003，坂本貢一訳『「原因」と「結果」の法則』サンマーク出版。）

APA（American Psychiatric Association）, 2000, *Diagnostic and Statistical Manual of Mental Disorder,* 4th edition-text revision, Washington D. C.: APA.（＝2002，高橋三郎・大野裕・染矢俊幸訳『精神疾患の診断・統計マニュアル』医学書院。）

B

Baudrillard, J., 1983, *In the Shadow of the Silent Majorities,* translated by P. Foss, Johnston & P. Patton, Semiotext & Paul Virilio, New York: Columbia University Press.

Bauman, Z., 1989, "Sociological Responses to Postmodernity", *Thesis Eleven,* 23：35-63.

Bauman, Z., 1991, *Modernity and Ambivalence,* Malden: Polity Press.

Bauman, Z., 1992, *Intimation of Postmodernity,* London: Routledge.

Bauman, Z., 1995, *Life in Fragments,* New Jergey: Wiley & Blackwell.

Bauman, Z., 2000a, *The Individualized Society,* Malden: Polity Press.（＝2008，澤井敦・菅野博史・鈴木智之訳『個人化社会』青弓社。）

Bauman, Z., 2000b, *Community,* Malden: Polity Press.（＝2008，奥井智

之訳『コミュニティ』筑摩書房。)

Bauman, Z., 2000c, *Liquid Modernity,* Malden: Polity Press. (=2001, 森田典正訳『リキッド・モダニティ』大月書店。)

Bauman, Z., 2002, *Society under Siege,* Malden: Polity Press.

Bauman, Z., & V. Benedetto, 2004, *Identity,* Malden: Polity Press. (=2007, 伊藤茂訳『アイデンティティ』日本経済新聞社。)

Beck, U., 1996, *Risikogesellschaft,* Frankfurt am Main: Suhrkamp. (=1998, 東廉・伊藤美登里訳『危険社会』法政大学出版会。)

Beck, U., 1986, *Risikogesellshaft auf dem Weg in eine andere Moderne,* Frankfurt am Main: Suhrkamp.

Beck, U., 2000, "Manifest: The Cosmopolitan Society and its Enemy". (=2002,「コスモポリタン社会とその敵」小倉充夫・梶田孝道編『グローバル化と社会変動』東京大学出版会, 13-62。)(ヘルシンキでの国際会議での報告の翻訳)

Beck, U., 2008, *Der Eigene God,* Berlin: Insel Verlag. (=2011, 鈴木直訳『〈私〉だけの神』岩波書店。)

Beck, U., 2011, "Varieties of Individualization" (=2011,「個人化の多様性」(伊藤美登里訳) ベック, U・鈴木宗徳・伊藤美登里編『リスク化する日本社会——ウルリッヒ・ベックとの対話』岩波書店, 15-36。)(日本での講演会での報告の翻訳)

Beck, U., W. Bonss, & C. Lau, 2001, "Theorie reflexiver Modernisierung", Beck, U. & W. Bonss (hrsg.) *Die Modernisierung der Moderne,* Frankfurt am Main: Suhrkamp, 10-58.

Bellah, R. et al., 1985, *Habits of the Heart,* New York: Harper & Row. (=1991, 島薗進・中村圭志訳『心の習慣』みすず書房。)

Berger, P. L., 1965, "Toward a Sociological Understanding of Psychoanalysis", *Social Research,* 32: 26-41.

Berger, P. L., 1977, *To Empower People,* Washington D. C.: American Enterprise Institute for Public Policy Research.

Berger, P. L., B. Berger & H. Kellner, 1974, *The Homeless Mind,* New

York: Penguin.（=1977，高山真知子他訳『故郷喪失者たち』新曜社。）

Berger, P. L. & B. Berger, 1983, *The War over the Family,* New York: Doubleday.

Braidotti, R., 2013, *The Posthuman,* Malden: Polity Press.

C

Cicourel, A. V., 1973, *Cognitive Sociology,* New York: Free Press.

D

土井隆義，2004，『「個性」を煽られる子どもたち』岩波書店。

土井隆義，2008，『友だち地獄』筑摩書房。

Dale, P., 1986, *The Myth of Japanese Uniqueness,* Oxford: Oxford University Press.

Danziger, K., 1990, *Constructing the Subject,* Cambridge: Cambridge University Press.

Danziger, K., 1997, *Naming the Mind,* London: Sage.（=2005，河野哲也監訳『心を名づけること』（上・下）勁草書房。）

De Vos, J., 2012, *Psychologisation in Times of Globalisation,* London: Routledge.

De Vos, J., 2013, *Psychologization and the Subject of Late Modernity,* New York: Palgrave.

Denzin, N. K., 1989, *Interpetative Interactionism,* London: Sage.（=1992，関西現象学的社会学研究会訳『エピファニーの社会学』マグロウヒル出版。）

Durkheim, É., 1960, *De la Division du Travail Social,* Paris: Presses du Universitaires de France.（=1971，田原音和訳『社会分業論』青木書店。）

E

Ehrenberg, A., 2010, *The Weariness of the Self,* Motreal: Mcgill

Queens University Press.
Elias, N., 1939, *Über den Prozess der Zivilization,* Marburg: Francke.（＝1977，赤井慧爾・中村元保・吉田正勝訳『文明化の過程』（上・下）法政大学出版局。）
Elias, N., 1991, *Die Gesselschaft der Individuen,* Frankfurt am Main: Suhrkamp.（＝2000，宇京早苗訳『諸個人の社会』法政大学出版局。）
Elliott, A., 2013, "The Theory of New Individualism", Tafarodi, R. W. ed., *Subjectivity in the Twenty-First Century,* Cambridge: Cambridge University Press, 190-209.
Elliott, A., 2016, *Identity Trouble,* London: Routledge.
Elliott, A. & C. Lemert, 2006, *The New Individualism,* London: Routledge.
Elliott, A. & J. Urry, 2010, *Mobile Lives,* London: Routledge.（＝2016，遠藤英樹監訳『モバイル・ライブズ』ミネルヴァ書房。）
Erikson, E., 1959, *Identity,* New York: W. W. Norton.（＝1973，岩瀬庸理訳『アイデンティティ』金沢文庫。）

F

Fromm, E., [1941] 1965, *Escape from Freedom,* New York: Rinehart.（＝1953，日高六郎訳『自由からの逃走』社会思想社。）
Fukuyama, F., 1992, *The End of History and the Last Man,* New York: Free Press.（＝2005，渡部昇一訳『歴史の終わり』（上・下）三笠書房。）
Furedi, F., 2004, *Therapy Culture,* London: Routledge.

G

Gans, H. J., Glazer, N. Gusfield, & Jencks, C. eds., 1979, *On the Making of Americans : Essays on Honor of David Riesman,* Pennsylvania: University of Pennsylvania.
Garfinkel, H., 1967, *Studies in Ethnomethodology,* New York: Prentice-

Hall.（＝1987，山田富秋・好井裕明・山崎敬一訳「アグネス，彼女はいかにして女になりつづけたか」（部分訳）『エスノメソドロジー』せりか書房。）

Gehlen, A., 1957, *Die Seele in technischen Zeitalter,* Munich: Luchterhand.（＝1986，平野具男訳『技術時代の魂の危機』法政大学出版局。）

Gergen, K. J., 1991, *The Saturated Self,* New York: Basic Books.

Giddens, A., 1991, *Modernity and Self-Identity,* Malden: Polity Press.（＝2005，秋吉美都他訳『モダニティと自己アイデンティティ』ハーベスト社。）

Giddens, A., 1992, *The Transformation of Intimacy,* Malden: Polity Press.（＝1994，松尾精文・松川昭子訳『親密性の変容』而立書房。）

Giddens, A., 1999, *The Third Way,* Malden: Polity Press.（＝1999，佐和隆光訳『第三の道』日本経済新聞社。）

Goleman, D., 1995, *Emotional Intelligence,* New York: Bantam Dell.（＝1998，土屋京子訳『EQ――こころの知能指数』講談社。）

Gross, M. L., 1978, *The Psychological Society,* New York: Random House.

Gubrium, J. F. & J. A. Holstein, 1990, *What is Family,* Oxford: Mayfield.（＝1997，中河伸俊・湯川純幸・鮎川潤訳『家族とは何か』新曜社。）

H

浜口恵俊，1982，『間人主義の社会　日本』東洋経済新報社。

浜口恵俊，1988，『「日本らしさ」の発見』講談社。

春山茂雄，1995，『脳内革命』サンマーク出版。

日高六郎，1960，『現代イデオロギー』勁草書房。

Hewitt, J. P., 1989, *Dilemmas of American Self,* Temple: Temple U. P..

Hewitt, J. P., 1998, *The Myth of Self-Esteem,* New York: St. Martin's Press.

Hochshild, A. R., 1983, *The Managed Heart,* Berkley: California University Press.（＝2000, 石川准・室伏亜希訳『管理される心』世界思想社。）

I

市井吉興, 2006,「オランダ・エリアス学派」『立命館言語文化研究』16(3)：215-224。
市野川容孝, 2012,『社会学』岩波書店。
市野川容孝・宇城輝人編, 2013,『社会的なもののために』ナカニシヤ出版。
五木寛之, 1993,『生きるヒント』文化出版局。

K

木村敏, 1972,『人と人の間』弘文堂。
梶尾直樹編, 2002,『スピリチュアリティを生きる』せりか書房。
樫村愛子, 2003,『「心理学化する社会」の臨床社会学』世織書房。
樫村愛子, 2003,「教育の心理学化」『現代思想』31(4)：139-149。
樫村愛子, 2007,『ネオリベラリズムの精神分析』光文社。
片桐雅隆, 1991,『変容する日常世界』世界思想社。
片桐雅隆, 2000,『自己と「語り」の社会学』世界思想社。
片桐雅隆, 2003,『過去と記憶の社会学』世界思想社。
片桐雅隆, 2006,『認知社会学の構想』世界思想社。
片桐雅隆, 2008,「社会の中の自己と記憶――認知社会学からのアプローチ」『心理学評論』51(1)：166-179。
片桐雅隆, 2011,『自己の発見』世界思想社。
片桐雅隆, 2014,「『社会的なもの』と『心的なもの』――心理化をとおして見る自己と社会」『心理学評論』57(3)：357-371。
片桐雅隆, 2015,「個人化と社会の消失」『立正大学大学院研究科紀要』31：11-31。
片桐雅隆, 2016,「自己の同一性とその流動化――個人主義化と物語論の

視点から」『立正大学文学部論叢』139：23-44。

片桐雅隆・樫村愛子，2011，「『心理学化』社会における社会と心理」『社会学評論』61(4)：366-385。

香山リカ，1999，『〈じぶん〉を愛するということ』講談社。

香山リカ，2002，『ぷちナショナリズム症候群』中央公論新社。

香山リカ，2015，『がちナショナリズム症候群』筑摩書房。

小林敏明，2010，『〈主体〉のゆくえ』講談社。

小池靖，2007，『セラピー文化の社会学』勁草書房。

鴻上尚志，2009，『「空気」と「世間」』講談社。

Katagiri, M., 2013, "The Three Selves in Japanese Society: individualized, privatized and psychologized selves", Elliott, A., M. Katagiri & A. Sawai eds. *Routledge Companion to Contemporary Japanese Social Theory,* London: Routledge, 139-157.

Katagiri, M., 2016, "Japanese Society after Great Earthquakes: from the viewpoint of the counter-relation between 'the social' and 'the psychic'", Elliott, A. & E. Hsu eds. *The Consequences of Great Disasters,* London: Routledge, 182-194.

Keyes, D., 1981, *The Minds of Billy Milligan,* New York: Random House.（=2015，堀内静子訳『24人のビリー・ミリガン』早川書房。）

Klapp, O. E., 1969, *Collective Search for Identity,* New York: Holt, Rinehart & Winston.

L

Lasch, C., 1979, *The Culture of Narcissism,* New York: Warner Books.（=1981，石川弘義訳『ナルシズムの時代』ナツメ社。）

Locke, J., [1690] 1975, "On Identity and Diversity" in Essays on the Human Understanding, J. Perry ed. *Personal Identity,* Berkeley: University of California Press, 33-52.（=1974，大槻春彦訳『人間知性論』（第1巻）岩波書店，300-335。）

Luckmann, T., 1996, "The Privatization of Religion and Modernity",

Heeles, P., S. Lash & P. Morris eds. *Detraditionalization,* New Jergey: Wiley & Blackwell, 72-86.

M
牧野智和，2012，『自己啓発の時代』勁草書房。

丸山眞男，1964，『現代政治の思想と行動』未来社。

丸山眞男，1968，「個人析出のさまざまなパターン」M. B. ジャンセン編『日本における近代化の問題』岩波書店，367-407。

丸山眞男，1983，『日本政治思想史研究』東京大学出版会。

丸山眞男，1999，「武士のエートスとその展開」『丸山眞男講義録』東京大学出版会，41-256。

松下圭一，1960，「大衆社会論の今日的位置」『思想』436：1-15。

宮台真司，1990，「新人類とオタクの世紀末を解く」『中央公論』105(10)：182-202。

宮台真司，1994，『制服少女たちの選択』講談社。

三宅昌子，2003，『「心のノート」を考える』岩波書店。

茂木健一郎，2007，『脳を活かす勉強法』PHP 研究所。

文部科学省，2009，『心のノート』廣済堂あかつき。

森真一，1991，「心理学のヘゲモニー――社会のフレキシブルな編成と心理主義化」『ソシオロジ』44(2)：37-53。

森真一，2000，『自己コントロールの檻』講談社。

森真一，2008，「社会の心理化をどのようにとらえるか？」日本社会臨床学会編『心理主義化する社会』現代書館，75-114。

森真一，2013，『どうしてこの国は「無言社会」となったのか』産学社。

MacIntyre, A. C., 1981, *After Virture,* Notre Dame: Notre Dame University Press.（=1993，篠崎榮訳『美徳なき時代』みすず書房。）

McCall, G. & J. L. Simmons, 1978, *Identities and Interactions,* New York: Free Press.

Mestrovic, S. G., 1997, *Postemotional Society,* London: Sage.

Mestrovic, S. G., 2015, *Postemotional Bully,* London: Sage.

Mills, C. W., 1951, *White Collar,* Oxford: Oxford University Press.（=1982，杉政孝訳『ホワイト・カラー』東京創元社。）

Mills, C. W., 1970, "Situated Actions and Vocabularies of Motive", Stone, G. P. & A. Farberman eds. *Social Psychology through Symbolic Interaction,* Massachusetts: Ginn-Blaidell, 472-479.

Moskowitz, E. S., 2001, *In Therapy We Trust,* Baltmore: John Hopkins University Press.

N

中島岳志・島薗進，2016，『愛国と信仰の構造』集英社。

仲正昌樹，2006，『日本の現代思想――ポストモダンとは何だったのか』日本放送出版会。

西原和久，2016，『トランスナショナリズムと社会のイノベーション――越境する国際社会学とコスモポリタン的志向』東信堂。

NHK社会プロジェクト取材班編，2010，『無縁社会』文藝春秋。

Nicholson, Ian. A. M., 2003, *Inventing Personality,* New York: American Psychological Association.

Nolan, J. S., 1998, *The Therapeutic State,* New York: New York University Press.

Nora, P., 1996, *Realms of Memory,* Columbia: Columbia University Press.（=2000，長井伸二訳「記憶と歴史のはざまで」（部分訳）『思想』911：13-37。）

O

小田中直樹，2006，『日本の個人主義』筑摩書房。

小熊英二，2002，『〈民主〉と〈愛国〉――戦後日本のナショナリズムと公共性』新曜社。

小熊英二・上野陽子，2003，『〈癒やし〉のナショナリズム』慶應義塾大学出版会。

奥村隆，2001，『エリアス・暴力への問い』勁草書房。

大平健，1995，『やさしさの精神病理』岩波書店。

大岡聡，2014，「大衆社会の端緒的形成」『岩波講座　日本歴史　第17巻　近現代３』岩波書店，209-240。

大森与利子，2005，『「臨床心理学」という近代』雲母書房。

小沢牧子，2008，『「心の時代」と教育』青土社。

R

Reicher, S. & N. Hopkins, 2001, *Self and Nation,* London: Sage.
Reed, E. S., 1997, *From Soul to Mind,* Cambridge: Yale Univesity Press.（＝2000，村田純一・染谷昌義・鈴木貴之訳『魂から心へ』青土社。）
Rice, J. S., 1996, *A Disease of One's Own,* New Brunswick: Transaction Publishers.
Rieff, P., 1966, *The Triumph of the Therapeutic,* Chicago: The University of Chicago Press.
Riesman, D., 1950, *The Lonely Crowd: A Study of the Changing American Character,* Cambridge: Yale University Press.（＝1964，加藤秀俊訳『孤独な群衆』みすず書房。）
Rose, N., 1990, *Govering the Soul,* London: Routledge.（＝2016，堀内進之助・神代健彦監訳『魂を統治する』以文社。）
Rose, N., 1996, "The Death of the Social?", *Economy and Society,* 25-3：327-356.
Rose, N., 1998, *Inventing Ourselves,* Cambridge: Cambridge University Press.
Rose, N., 2007, *The Politics of Life Itself,* New Jergey: Princeton University Press.（＝2014，檜垣立哉監訳『生そのものの政治学』法政大学出版局。）
Rose, N. & Miller, P., 2008, *Governing the Present,* Malden: Polity Press.

S

佐伯啓思，1997，『「市民」とは誰か』PHP 研究所。

坂本貢一，2003，『「原因」と「結果」の法則』サンマーク出版。

崎山治男，2006，「欲望喚起装置としての感情労働」『大原社会問題研究所雑誌』566：1-14。

崎山治男，2007，「感情社会学という暴力」『立命館産業社会論集』43(3)：25-36。

作田啓一，1972，『価値の社会学』岩波書店。

先崎彰容，2013，『ナショナリズムの復権』筑摩書房。

渋谷望，2003，『魂の労働』青土社。

島田裕巳，2011，『人はひとりで死ぬ――「無縁社会」を生きるために』NHK 出版新書。

島薗進，2012，『現代宗教とスピリチュアリティ』弘文堂。

Schaef, A. W., 1987, *When Society becomes an Addict,* San Francisco: Harperone.（＝1993，斉藤学監訳『嗜癖する社会』誠信書房。）

Schutz, A., 1962, *Collected Papers* Ⅰ, Leiden: Nijhoff.（＝1983，渡部光・那須壽・西原和久訳『アルフレッド・シュッツ著作集　第１巻』マルジュ社。）

Searle, J., 2004, *Mind : A Brief Introduction,* Oxford: Oxford University Press.（＝2006，山本貴光・吉川浩満訳『マインド――心の哲学』朝日出版社。）

Simmel, G.,［1917］2013, *Grundfragen der Soziologie,* Los Angels: Hardpress.（＝1979，清水幾太郎訳『社会学の根本問題』岩波書店。）

Smith, R., 2013, *Between Mind and Nature,* London: Reaktion.

Swaan, A. de, 1981, "The Politics of Agoraphobia", *Theory and Society,* 10(3): 359-385.

T

田中久文，2009，『丸山眞男を読みなおす』講談社。

田中義久，1974，『私生活主義批判』筑摩書房。

鶴見俊輔，1984，『戦後日本の大衆文化史』岩波書店。
鶴見俊輔，1981，『戦後思想三話』ミネルヴァ書房。
鶴見俊輔，1979，「転向の共同研究について」『共同研究　転向』筑摩書房，1-30。
鶴見俊輔・安田武，1980，「知識人と大衆文化」ジュリスト総合特集『日本の大衆文化』20：42-52。
Taylor, C., 1989, *The Sources of the Self,* Cambridge: Harvard University Press.（＝2010，下川潔・桜井徹・田中智彦訳『自我の源泉』名古屋大学出版会。）
Taylor, C., 1991, *The Malaise of Modernity,* Cambridge: Harverd University Press.（＝2004，田中智彦訳『〈ほんもの〉という倫理』産業図書。）
Taylor, C., 2004, *Modern Social Imagination,* Darheim: Duke University Press.（＝2011，上野成利訳『近代――想像された社会の系譜』岩波書店。）
Touraine, A., 1989, "Is Sociology still the Study of Society?", *Thesis Eleven,* 23：5-34.
Turner, J. C. et al., 1987, *Rediscovering the Social Group,* New Jergey: Basil Blackwell.（＝1995，蘭千壽訳『社会集団の再発見』誠心書房。）
Turner, R., 1976, "The Real Self: from institution to impulse", *The American Journal of Sociology,* 81(5)：989-1016.

U

上野千鶴子，1987，『〈私〉探しゲーム』筑摩書房。

宇野重規，2003，「丸山眞男における三つの主体像」小林正弥編『丸山眞男論』東京大学出版会，40-74。

宇野重規，2010，『〈私〉時代のデモクラシー』岩波書店。

Urry, J., 2000, *Mobilities,* Malden: Polity Press.（＝2015，吉原直樹訳『移動の社会学』作品社。）

W

渡辺恒夫・村田純一・高橋澪子編，2002，『心理学の哲学』北大路書房。

Weber, M.,［1913］ 1956, *Gesammelte Aufzätze zür Wissenschaflehre,* Tubingen: Mohr.（=1978，林道義部分訳『理解社会学のカテゴリー』岩波書店。）

Wouters, C., 1986, "Formalization and Informalization", *Theory, Culture and Society,* 3-2：1-17.

Wouters, C., 1989, "The Sociology of Emotions and Flight Attendants", *Theory, Cuture and Society,* 6-1：95-123.

Wouters, C., 2007, *Informalization,* London: Sage.

Y

山田昌弘，2004，『希望格差社会』筑摩書房。

山田昌弘，2009，「家族の個人化」『社会学評論』54(4)：341-354。

山田陽子，2007，『「心」をめぐる知のグローバル化と自律的個人像――「心」の聖化とマネジメント』学文社。

山田陽子，2008，「『心の健康』の社会学序説」広島国際学院現代社会学部『現代社会学』9：41-59。

山崎正和，1984，『柔らかい個人主義の誕生』中央公論社。

安田三郎他編，1981，『基礎社会学Ⅱ　社会過程』東洋経済新報社。

吉本隆明，［1962］1969，『吉本隆明全著作集13』勁草書房。

吉野源三郎，1969，『君たちはどう生きるか』新潮社。

吉野耕作，1997，『文化ナショナリズムの社会学』名古屋大学出版会。

Z

Zerubavel, E., 1997, *Social Mindscapes,* Cambridge: Harvard University Press.